ココミル
cocomiru

荻 津和野

門司港レトロ下関

すてきな時間を
過ごしましょ♪

津和野カトリック教会(津和野☞P71)

彩陶庵
(萩☞P23·43)

陶房大桂庵樋口窯
(萩☞P43)

和洋折衷な風情あふれる
城下町をおさんぽ

菊屋横町(萩☞P26) 一の俣桜公園(下関☞P94)

角島大橋（長門☞P65）

元乃隅神社（長門☞P64）

萩ガラス工房
（萩☞P45）

海峡ゆめタワー（下関☞P86）

歴史深い街並みや四季折々の景色
ここでしか出合えない光景が
私たちに感動を与えてくれます。

柚子屋本店
（萩☞P44）

瑠璃光寺五重塔（山口☞P56）

旧堀氏庭園（津和野☞P80）

大連友好記念館(門司港 P109)

門司港(P104)

岩川旗店
(萩 P45)

フォトジェニックな港町や
歴史深い城下町を散策

萩みかんのたけ
なか(萩 P44)

左：堀内鍵曲(萩
P23・26)／下：殿町
通り(津和野 P70)

木のおもちゃ 杢・
MOKU(萩 P45)

ギャラリー萩陶(萩 P42)

4

晦事(萩☞P23·33)

Kimono Style Café(萩☞P33)

やまざき屋
(萩☞P35)

旅の気分を盛り上げる
彩り豊かなグルメ＆スイーツ

春帆楼 本店(下関☞P92)

和洋レストラン
三井倶楽部
(門司港☞P111)

和菓子処 三松堂
菓心庵(津和野☞P79)

狐の足あと(湯田温泉
☞P59)

庭園カフェ 畔亭(萩☞P32)

萩・津和野ってどんなところ？

幕末の歴史を肌で感じられる萩、津和野は風情あふれる小京都

日本海に面した山口県東部の街・萩。高杉晋作（☞P25）ら幕末を駆け抜けた志士ゆかりの地で、「明治日本の産業革命遺産」の一部として世界遺産に登録されるなど、多数の史跡が残っています。島根県の津和野は山口県との県境の山あいの街。風情が漂う街並みでおさんぽにぴったりです。

直角に曲がる堀内鍵曲
（萩☞P23・26）でパチリ

夕暮れの殿町通り
（津和野☞P70）も情緒満点

夏みかんは堀内鍵曲などで見られる

おすすめシーズンはいつ？

夏みかんが土塀からのぞく初夏、雪化粧が美しい冬もおすすめ

萩観光は夏みかんがやまぶき色に実を染める初夏がベスト。夏〜秋には、近海でとれる魚介の多くが次々と旬を迎えるためグルメも楽しめます。また、日本海側に位置するため降雪量はやや多め。城下町の街並みが雪に包まれる、冬の萩の風景も風情があって素敵です。

萩・津和野へ旅する前に
知っておきたいこと

それぞれに城下町として栄えた歴史をもつ萩、津和野。
観光のポイントや魅力たっぷりの周辺観光地もご案内します。
しっかりと予習して、旅の支度を整えましょう。

どうやって行く？

東京からは飛行機、名古屋、大阪からは新幹線で

萩・津和野ともに最寄りの空の玄関は、萩・石見空港ですが、便数が少ないため、毎日10便が運航している山口宇部空港の利用もおすすめです。新幹線利用時は、新山口駅もしくは厚狭駅で在来線に乗り換え。萩へは新山口駅からバスで、津和野へは新山口駅からJR山口線で向かいます。

羽田〜山口宇部空港は
1時間30〜40分。
3社が就航している

菊屋家住宅で庭園の
造形美に癒やされる

ゴシック様式の津和
野カトリック教会
（☞P71）

どうまわったらいい？

萩・津和野で1泊2日、2泊3日で下関や門司港へも

萩は菊屋家住宅（☞P23・28）を中心に、少し離れた松陰神社（☞P22・24）などもまわって1日。津和野はエリアがコンパクトなので半日で観光できます。時間があれば"ふく"の名で親しまれるフグ料理（☞P92）を楽しめる下関、レトロ建築が林立する門司港への2泊3日の旅も考慮に入れてみましょう。

門司港には旧大阪商
船（☞P107・109）
などのレトロビルが
点在

まずは学問の神様・
松陰神社にお参りを

必見スポットはどこ?

萩では松陰神社、堀内鍵曲、津和野は殿町通りと安野光雅美術館

萩では維新の中心人物・吉田松陰を祀る松陰神社(☞P22・24)をはじめとした明治維新ゆかりの地を巡ったり、堀内鍵曲(☞P23・26)などの城下町の景観を楽しみましょう。津和野では殿町通り(☞P70)を中心に、津和野町立安野光雅美術館(☞P70・72)など、アートをテーマにまわるのもおもしろいです。

津和野のメインストリート・
殿町通り

津和野町立安野
光雅美術館でメ
ルヘンな気分を
味わって

日本有数の規模を
誇るカルスト台地の
秋吉台

ドライブするなら?

秋吉台のカルストロード、角島のシーサイドドライブがおすすめ

神秘的な高原の風景が見たいなら、石灰岩が露出する台地・秋吉台(☞P54)へ。ドライブロードが整備されているので、快適な車旅が満喫できます。海派の人は、マリンブルーの世界に包まれる角島大橋(☞P65)を目指してドライブ。非日常的な海岸風景に出合えます。

写真愛好家に人気が
高い角島大橋

ぜひ味わいたいグルメは？

剣先イカや瀬つきアジが名物。見蘭牛、むつみ豚もぜひ

萩での食事は、新鮮な日本海の幸のごちそう（☞P36）で決まり。瀬つきアジやアマダイ、剣先イカといった種類豊富な魚介を、造り、丼、揚げ物など、さまざまな食べ方で味わえるのは産地ならでは。肉好き女子の間では、ジューシーなご当地ブランドビーフ・見蘭牛やむつみ豚（☞P38）も評判です。

むつみ豚をカラッと揚げたふるさと家族（☞P39）のトンカツ

剣先イカを1杯使う活造りは萩心海、（☞P36）にて

お食事処　こづち（☞P37）で貴重なアカウニをぜひ

art shop tazz.（☞P45）のネコがま口

夏みかんをまるごと使う夏蜜柑丸漬（☞P44）

金子司氏（☞P41）の作品は独特な模様が特徴

おみやげは何がいい？

萩焼の器やかわいい雑貨、定番の夏みかんスイーツを

伝統的な技法で作られる萩焼（☞P46）は、萩中心部のショップや郊外の窯元で販売されています。最近は作家モノがトレンドで、カラーも風合いもしゃれた作品が多いです。グルメは地元特産品の夏みかんを使ったおやつ（☞P44）が好評。ジュースや和菓子など種類もたくさんあります。

萩・津和野・下関・門司港ってこんなところ

城下町での街歩きや海鮮グルメ、レトロな名建築など、異なる魅力をもつエリアが集まっているので、楽しく周遊することができる。

観光エリアは大きく4つ

毛利家のお膝元だった萩と小京都・津和野は城下町として栄えた歴史をもつ風情ある街。伝統的な技法で作られる工芸品や特産品を生かしたみやげも豊富に揃う。萩から南西へ向かえば、フグの一大水揚げ地として広く知られる下関。対岸の門司港は明治〜大正期に建てられた洋館が残り、異国情緒を満喫できる。

鉄道＆バス派？ 車派？上手にプランニングを

4つのエリアを結ぶ基本路線はJR山陰本線をはじめ3つあるが、目的地への直通路線が少ないので乗り換えは必至。各エリア内の交通は津和野を除きバス利用が◎。海岸線に延びる道は、絶好のドライブロードなので車移動もいい。1泊2日なら萩と津和野、下関と門司港など、近接したエリアをセットでまわるのもおすすめ。

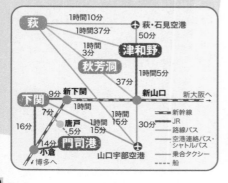

1 萩 はぎ
・・・P18

古い商家や武家屋敷が軒を連ねる旧城下町。日本海の幸や夏みかんのみやげが豊富なほか、伝統の萩焼で味わえるカフェも多数ある。宿泊は温泉宿へぜひ。

1 白壁となまこ壁が続く菊屋横町（☞P26）をおさんぽ 2 城下町特有の道筋、堀内鍵曲（☞P23・26） 3 萩焼（☞P40〜43・46）はみやげに最適

2 津和野 つわの
・・・P68

山あいにある静かなたたずまいの旧城下町。美術館やギャラリー巡りを楽しむ道中、ノスタルジックなカフェに立ち寄って。

▲メインストリートの殿町通り（☞P70）をぶらり

③ しものせき
下関
・・・P84

平家物語の「壇ノ浦の戦い」の舞台であり、名物は高級魚のフグ料理。美味が集う市場はハズせないみどころの一つ。

④ もじこう
門司港
・・・P104

レトロな趣ある洋風建築が集まる門司港レトロ地区が観光の中心。おしゃれな雑貨店やカフェも多く、美しい夜景は必見。

▲レンガ造りの大連友好記念館（☞P109）

▲火の山公園（☞P103）から関門海峡を一望

日本海

角島

阿川駅
長門二見駅
川棚温泉駅
長府
於福駅
美祢線
小月IC
美祢西IC
美祢駅
美祢IC
十文字IC
埴生IC
厚狭駅
新山口駅
美祢東JCT
小郡IC
湯田温泉
山口タウン
山口駅
長門市駅
長門湯本駅
・長門湯本温泉
青海島
仙崎
仙崎駅
萩駅
① 萩
東萩駅
山陰本線
秋吉台・秋芳洞
長門峡駅
山口線
須佐駅
山口県
津和野駅
② 津和野
鎌手駅
益田駅
浜田駅へ
萩・石見空港
島根県
六日市IC
吉和ICへ

下関 ③
新下関駅
下関駅
下関IC
門司IC
新門司IC
小倉東IC
北九州空港
福岡県
行橋駅へ
小倉南IC へ
博多駅へ
小倉駅
④ 門司港
宇部駅
宇部JCT
宇部IC
山口宇部空港
湯田温泉スマートIC
中国自動車道
山口IC
防府西IC
防府駅
防府東IC
徳地IC
徳山西IC
山陽新幹線
徳山駅
徳山東IC
鹿野IC
三原面新幹線
熊毛IC
柳井駅へ
玖珂IC
岩国ICへ
新岩国駅へ

┤ 萩からひと足延ばして行きたい ├

秋芳洞の百枚皿（☞P54）は多くの皿が積み重なったような奇観

✛ あきよしだい・あきよしどう
秋吉台・秋芳洞
・・・P54

日本最大級のカルスト台地の地下には巨大な鍾乳洞も。ネイチャー度120％の自然満喫エリアだ。

国宝に指定されている瑠璃光寺五重塔（☞P56）

✛ やまぐちたうん
山口タウン
・・・P56

かつて"西の京"と称された。瑠璃光寺五重塔をはじめとした文化財が残る街をおさんぽしよう。

11

出発ー！

9:15 山口宇部空港

山口県宇部市にある空港。萩までは乗合タクシー利用で約1時間20分。

11:00 松陰神社

松下村塾の主宰・吉田松陰を祀り、学問の神様として知られています（☞P22・24）。

維新の志士の学び舎

境内には高杉晋作（☞P25）ら維新の志士が学んだ松下村塾（☞P24・66）もあります。

12:30 割烹 千代

萩を代表する割烹でランチ。アマダイを使った唐揚げ定食に舌鼓を（☞P22・36）。

13:30 萩博物館

文献などの資料、ジオラマなどで萩の文化や歴史が紹介されています（☞P22）。

歴史をお勉強

館内には幕末の風雲児こと高杉晋作コーナーも。歴史好きな人に人気のコーナーです。

14:30 堀内鍵曲
ほりうちかいまがり

侵入者の通行を妨げるための道。夏みかんが土塀を彩ります（☞P23・26）。

15:30 菊屋家住宅

長州藩御用達だった商家へ。往時の生活様式が残る建物です（☞P23・28）。

美しい庭園

書院から庭園を鑑賞。日本の伝統美が宿る風景を眺めてほっこりしましょう。

16:15 晦事
ことこと

萩焼で料理を供するカフェも多数。和の風情を感じながらひと息ついて（☞P23・33）。

17:00 彩陶庵

歴史ある窯元や気鋭の作家モノなど萩焼ショップで、お買い物を満喫（☞P23・43）。

良泉にどっぷり

17:45 萩温泉郷の宿

8つの源泉を有する萩での宿泊は温泉宿が◎。趣向を凝らした各宿で湯三昧（☞P48）。

1泊2日萩・津和野
とっておきの旅

萩と津和野の魅力が詰まった2DAY欲張りコース。
志士ゆかりの地や史跡、アートスポットを巡り、良泉に癒やされて。
海の幸などのグルメやおみやげ探しも旅の醍醐味です。

おはよう！

10:10 津和野駅

JR東萩駅か萩バスセンターから防長バスに乗って約1時間40分で津和野駅前下車。

10:15 津和野町立 安野光雅美術館

地元出身の画家・安野光雅氏の美術館。独特なタッチの作品にウットリ(☞P70・72)。

静かで落ち着く

懐かしい教室、絵本や画集が揃う図書室など、館内を見てまわるだけでも楽しいです。

11:20 殿町通り

なまこ壁が続くメインストリートをおさんぽ。沿道にはみどころやみやげ店が(☞P70)。

津和野のシンボル

今も残る掘割には、その昔お殿様が放流したというカラフルな鯉がスーイスイ。

11:30 津和野 カトリック教会

和洋折衷

殿町通り沿いに立つ教会は、畳敷きという珍しいしつらいが特徴です(☞P71)。

12:00 沙羅の木

店内の「松韻亭」では、地域でとれた山菜を使う御膳が味わえます(☞P76・79)。

13:10 太皷谷稲成神社

街を一望

高台に立つ社殿からは街並みを見晴らせます。かわいい授与品もチェック(☞P71)。

14:00 森鷗外記念館・旧宅

文豪の原点

『舞姫』で有名な津和野出身の文豪・森鷗外の記念館で、氏の生涯をひも解く(☞P71)。

敷地内には鷗外が生まれ育った生家も。当時使っていた勉強部屋も見られます。

和菓子処 15:00 三松堂 菓心庵

津和野銘菓の源氏巻に季節の焼き印を押した笑小巻は、見るだけでハッピーに(☞P79)。

運行スケジュールは公式HPを要確認

15:45 SLやまぐち号

15時45分に津和野駅を出発し、17時30分新山口駅に到着(☞P82)。 ※2022年8月現在

日程に余裕があればぜひ！

2泊3日なら下関・門司港も満喫できます

フグを食べに行きたい 下関

平家物語の壇ノ浦の戦いで知られる港町は、フグの一大集積地。料理店はもちろんのこと市場などでもその味を楽しむことができます(☞P84)。

レトロな洋館が立ち並ぶ 門司港

古くから海運の要衝として栄えた場所で、現在も残る洋館が当時の様子を伝えています。夜の街を彩る美しい夜景は、とてもロマンチックに(☞P104)。

ココミル✛
cocomiru

萩 津和野 門司港レトロ 下関

Contents

●表紙写真
表）柚子屋本店(P44)／カネコツカサ(P41)／津和野カトリック教会
(P71)／やまざき屋(P35)／堀内鍵曲(P23・26)／岩川旗店
(P45)／Kimono Style Cafe(P33)
裏）上：津和野カトリック教会(P71)／下右：角島大橋(P65)／下左：
笠山椿群生林(P47)

〈マーク〉
- 📷 観光みどころ・寺社
- 🎵 プレイスポット
- 🍴 レストラン・食事処
- 🕐 居酒屋・BAR
- ☕ カフェ・喫茶
- 🛍 みやげ店・ショップ
- 🏠 宿泊施設

〈DATAマーク〉
- ☎ 電話番号
- 🏠 住所
- ¥ 料金
- 🕐 開館・営業時間
- 休 休み
- 交 交通
- P 駐車場
- 室 室数
- MAP 地図位置

学問の神様・松陰神社（☞P22・24）にお参り

萩焼窯元 泉流山（☞P42）に立ち寄る

人力車（☞P20）に乗って城下町をぶらり

堀内鍵曲（☞P23・26）で夏みかんを発見

晦事（☞P23・33）でお庭を眺めて休憩

萩心海、（☞P36）自慢の剣先イカ

大屋窯（☞P40）で萩焼をお買い物

魚介に負けず人気の見蘭牛（☞P38）

萩城跡・指月公園（☞P47）で歴史さんぽ

大人な雰囲気のカフェテリア異人館（☞P35）

城下町・萩で歴史を体感、グルメやお買い物も楽しみです。

維新の志士ゆかりの旧家や神社を巡ると
和の趣とともに歴史の息吹が感じられます。
お庭自慢のカフェや萩焼の窯元を訪ねたり、
日本海の幸を味わったりして、萩の魅力を満喫しましょう。

これしよう！
とっておきの
萩焼探し
約400年の歴史を誇る萩
焼は、市内各所のショップで
販売（☞P40～43）。

これしよう！
魚介、見蘭牛etc.
美味に舌鼓
日本海の幸はもちろん、飼
育方法にこだわった牛肉
や豚肉も（☞P36～39）。

これしよう！
歴史ある城下町を
そぞろ歩き
菊屋家住宅を中心に、志士
ゆかりの地をはじめ、カフェ
やショップが点在（☞P22）。

歴史と夏ミカンに彩られた城下町

萩
はぎ

地元でとれる
新鮮な魚介
がおいしい

リンゴをモチーフに
したコースター

こんなところ

毛利家36万9000余石の城下町として栄え
た萩は、明治維新の志士ゆかりの史跡など
みどころが豊富。周辺には庭園の造形美が
見事なカフェも点在している。ブランド食
材の宝庫としても知られ、グルメも満喫で
きるほか、夏みかん加工品や萩焼をはじめ
とした、みやげ探しも楽しみ。

a c c e s s

萩・石見空港
↓
乗合タクシー
（萩近鉄タクシー）
※前日までに要予約
1時間15分
↓
♀萩バスセンター、
東萩駅

山口宇部空港
↓
乗合タクシー
（萩近鉄タクシー）
※前日までに要予約
1時間15分
↓
♀萩バスセンター、
東萩駅

※萩での交通はP20を参照
☎0838-25-1750（萩市観光
協会）広域MAP折込裏D4

～萩 はやわかりMAP～

1 萩城跡周辺

菊屋横町周辺 2

土塀が美しい
堀内地区
道を鍵の手に曲げた
独特の道筋「鍵曲」や
武家屋敷跡など城下
町らしい風情が残る。

東萩駅観光案内所
へ立ち寄ろう
駅構内にある観光案
内所では、交通案内
や宿泊予約もできる。
☎0838-25-3145
MAP P53F2

熊谷
美術館

295
萩博物館・
・菊屋家住宅
・堀内鍵曲
山口県立萩美術館・浦上記念館
平安寺卍

越ヶ浜へ　益田駅へ
67
東萩駅
源泉の宿
萩本陣
東光寺へ
11
松陰神社前
伊藤博文旧宅・別邸
通心寺
松陰大橋

札場跡
萩バスセンター
萩・明倫学舎
中央公園
萩市役所◎　御許町
警察署前

三見・長門市駅へ

玉江駅
玉江神社
三隅ICへ
64
玉江橋
阿道祖神社
191

普照寺
262
真行寺卍
64
萩パイパス
橋本橋
蓮正寺卍
善福寺

3 松陰神社周辺
松陰本線
萩市

藍場川周辺 4

仙崎 P.60 拡大図右上
角島
P.65
山陰本線
長門市駅
東萩駅
萩駅
491
長門湯本駅
長門湯本温泉
P.62
美祢線
490
秋吉台
262
P.56
316
P.54
山口
駅
湯田温泉
P.55
新山口駅
435
厚狭駅
中国自動車道
山陽新幹線
新下関駅
小倉へ
山口宇部空港
N
10km
三隅ICへ
山陰道
萩IC
191

桂太郎旧宅
67
旧湯川家屋敷
椿町
萩市
観光協会
萩・
観光協会前
萩駅
32
262
山陰本線
中津江

観光のヒント
東&西回りの循環バスを
利用しよう
移動には萩循環まぁーるバス（☞
P20）を利用するのが便利。9つの
施設入館がフリーになる萩市文化
財施設1日券310円も要チェック。

→ 注目エリアはコチラです

1 萩城跡周辺
はぎじょうあとしゅうへん
指月山の麓に築城された
萩城。現在は石垣と堀の
一部が残り、公園として親
しまれている。

2 菊屋横町周辺
きくやよこちょうしゅうへん
白壁となまこ壁が続く美し
い道の周辺には、萩焼の
ショップを中心にカフェな
どが点在している。

3 松陰神社周辺
しょういんじんじゃしゅうへん
維新の先覚者・吉田松陰
を祀る神社。中心地から少
し離れた場所にあるので
バスか自転車で訪れよう。

4 藍場川周辺
あいばがわしゅうへん
川には鯉が放流され、のん
びり散歩するのに最適な場
所。川沿いには武家屋敷や
萩焼の店などがある。

萩

意外と広い萩の城下町
まずは交通をチェックしましょう

"街中が博物館"といわれるほど、観光エリアが広いのも萩の特徴の一つ。
便利な交通手段やおもしろい乗り物をチェックして、快適な旅を満喫しましょう。

大活躍の乗り物はこちらです

はぎじゅんかんまぁーるばす
萩循環まぁーるバス

> 東&西回りを組み合わせて活用

| 運賃 | 1回 100円 |
| 1日乗車券 | 500円 |

萩市役所を発着点に市街地を巡る循環バス。コースは萩博物館（☞P22）を経由する西回りコース、松陰神社（☞P22・24）を経由する東回りコースの2種あり、それぞれ30分間隔で運行。萩バスセンターや萩市役所など6つのバス停で、各コースの乗り換えができる。ルートは一方通行なので要注意。
☎0838-25-3108
（萩市商工振興課）
☎0838-22-3811
（防長交通萩営業所）

▲1日乗車券は駅や観光協会で販売している

▶市内を走る赤い車体が目印だ

れんたさいくる
レンタサイクル

> 気軽に観光を楽しみたい人に◎

| 料金目安 | 1時間 200円〜 |
| | 1日 1000円〜 |

平坦な道が続く萩は、自転車でまわるのもおすすめ。市街にはレンタサイクルショップがいくつかあり、ホテルや旅館で自転車の貸し出しをしているところもあるので、予約時に確認しておこう。乗り捨てはNGなのでご注意を。

DATA
主なレンタサイクルショップ
●スマイル貸自転車
☎0838-22-2914
MAP P53F2
●千春楽城山
☎0838-25-1666
MAP P52A2
●横山商店
☎0838-22-5285
MAP P52C3
●萩市観光協会
☎0838-25-1750
MAP P51B4

◀一部の店舗では電動自転車の貸し出しも行っている

観光をより楽しめる乗り物

じんりきしゃ たてば
人力車 立場

> 俥夫のガイドにも耳を傾けて

| 料金 | 2人35分 8000円など |

定番名所を巡るコースや城下町、堀内鍵曲（☞P23・26）をまわるコースで、ガイドを聞きながらゆっくり景色を堪能できる。料金はコースによって異なる。
☎090-7774-4529 萩市江向595-3 9〜17時 荒天時 バス停萩城下町入口からすぐ P3台
MAP P52C3

▲萩に精通した俥夫ならではの解説も魅力

はぎはっけいゆうらんせん
萩八景遊覧船

> 船上から萩城下の景観を楽しむ

| 料金 | 1人40分 1200円 |

萩城跡横の指月橋をスタートし、堀内地区や平安古地区などを見物。水の都としても知られる萩の魅力を満喫できる遊覧船だ。
☎0838-21-7708 萩市堀内 9〜16時受付（11月は〜15時30分受付） 12〜2月 バス停萩城跡・指月公園入口 北門屋敷入口から徒歩1分 P30台 MAP P52B2

▲船内では船頭がガイドをしてくれる

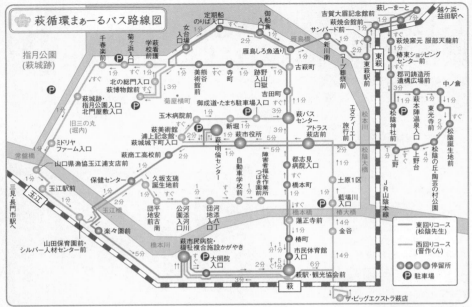

萩の人気エリアのアクセス早見表

※2022年10月よりルート変更予定。バス停も変更になる可能性あり

出発地 ＼ 目的地	東萩駅 ※まぁーるバスはバス停東萩駅前（東回り）へ	萩バスセンター ※まぁーるバスはバス停萩バスセンター（東＆西回り）へ	松陰神社 ※まぁーるバスはバス停松陰神社前（東回り）へ	菊屋横町 ※まぁーるバスはバス停萩博物館前（西回り）へ	萩城跡・指月公園 ※まぁーるバスはバス停萩城跡・指月公園入口 北門屋敷入口（西回り）へ	藍場川 ※まぁーるバスはバス停藍場川入口（西回り）へ	萩駅 ※まぁーるバスはバス停萩駅・観光協会前（東＆西回り）へ
東萩駅 ※まぁーるバスはバス停東萩駅前（東回り）から		🚌3分 🚲6分 🚶18分	🚌東回り13分 🚲8分 🚶17分	🚗6分 🚲10分 🚶25分	🚗10分 🚲20分 🚶×	🚗5分 🚲10分 🚶25分	🚌10分 🚲20分 🚶×
萩バスセンター ※まぁーるバスはバス停萩バスセンター（東＆西回り）から	🚌東回り9分 🚲6分 🚶18分		🚌東回り22分 🚲5分 🚶18分	🚌西回り6分 🚲5分 🚶15分	🚌西回り8分 🚲10分 🚶×	🚗3分 🚲7分 🚶20分	🚗4分 🚲7分 🚶20分
松陰神社 ※まぁーるバスはバス停松陰神社前（東回り）から	🚌5分 🚲8分 🚶17分	🚗5分 🚲5分 🚶18分		🚗7分 🚲10分 🚶30分	🚗10分 🚲18分 🚶×	🚗6分 🚲10分 🚶25分	🚗8分 🚲15分 🚶×
菊屋横町 ※まぁーるバスはバス停萩博物館前（西回り）から	🚗6分 🚲10分 🚶25分	🚗3分 🚲5分 🚶15分	🚗7分 🚲10分 🚶30分		🚌西回り2分 🚲7分 🚶18分	🚗5分 🚲13分 🚶30分	🚌西回り18分 🚲15分 🚶×
萩城跡・指月公園 ※まぁーるバスはバス停萩城跡・指月公園入口 北門屋敷入口（西回り）から	🚗10分 🚲20分 🚶×	🚗5分 🚲10分 🚶×	🚗3分 🚲18分 🚶×	🚗3分 🚲7分 🚶18分		🚗10分 🚲13分 🚶×	🚌西回り16分 🚲15分 🚶×
藍場川 ※まぁーるバスはバス停藍場川入口（西回り）から	🚗5分 🚲10分 🚶25分	🚌西回り15分 🚲7分 🚶20分	🚗6分 🚲10分 🚶25分	🚌西回り21分 🚲13分 🚶30分	🚗10分 🚲13分 🚶×		🚗3分 🚲10分 🚶20分
萩駅 ※まぁーるバスはバス停萩駅・観光協会前（東＆西回り）から	🚌東回り14分 🚲20分 🚶×	🚌東回り5分 🚲7分 🚶20分	🚌東回り27分 🚲15分 🚶×	🚗6分 🚲15分 🚶×	🚗9分 🚲15分 🚶×	🚌西回り17分 🚲10分 🚶20分	

🚌まぁーるバス　🚕タクシー　🚲自転車　🚶徒歩　※まぁーるバス東回り、西回りのいずれも30分以上かかるものや乗り換えを要するものはタクシーの所要時間を入れています。徒歩、自転車ともに30分以上かかるものは「×」と表記しています。

📖ℹ️「萩循環まぁーるバス」は1日乗車券のほかに2日乗車券700円も。1泊2日で萩をまわるならこちらがおすすめです。

1日かけてゆっくりと
城下町・萩をはんなりおさんぽ

明治維新で活躍した志士たちの誕生地や、ゆかりの建物が数多く残る萩。
魚介グルメの人気店や素敵カフェなどにも立ち寄り、萩の魅力を存分に満喫しましょう。

START! **JR東萩駅**

③

松陰神社
しょういんじんじゃ
松陰神社 🕐 **10:00**

まぁーるバス
東回りで13分

維新の父を祀る神社にお参り

高杉晋作（☞P25）や伊藤博文
（☞P25）ら明治維新の中心人
物を輩出した松下村塾の主宰・吉
田松陰を祀る社。敷地内には世界
遺産登録の松下村塾などがある。
DATA ☞P24

①松下村塾は国の史跡に指定されている ②松陰の著述やゆかりの品々を展示する至誠館 ③現在の社殿は昭和30年（1955）に造営された

アマダイの唐揚げ定食2200円がイチオシ

菊屋横町周辺
はぎはくぶつかん
萩博物館 🕐 **12:30**

萩の魅力を紹介するミュージアム

吉田松陰（☞P24）や高杉晋作の
書簡や遺品をはじめとする萩の関
連資料、江戸時代の街並みを再現
したジオラマなどを展示。ショップ
やレストランも併設する。

☎0838-25-6447
🏠萩市堀内355 ¥入
館520円 🕐9～17時
（入館は～16時30分）
🈺6月第2水～金曜、1
月第4水～金曜、一部の
水曜 ※HPを要確認
🚌バス停萩博物館前か
らすぐ 🅿93台（有料）
MAPP52C3

まぁーるバス
東回りで17分、
萩市役所で、
西回りに乗り換
え9分

東萩駅周辺
かっぽう ちよ
割烹 千代 🕐 **11:30**

名割烹で魚介ランチに舌鼓

日本海の豊かな海の幸に恵まれた萩は、ブ
ランド魚介が豊富に揃う。なかでも、天然
魚が味わえるこちらの和食処では、新鮮な
アマダイを豪快に揚げた定食が評判。
DATA ☞P36

①深海魚のタワー型展示など迫力のある生物標本 ②常設展のほか、さまざまな企画展も

まぁーるバス
西回りで5分

① 主屋に続く道にも江戸期の風情を感じる ②レトロな電話機も要チェック ③書院から緑豊かな庭園を眺めてほっこりしよう

菊屋横町周辺
ことこと
🕒15:00
晦事

和と洋が調和した町家カフェ

レトロな町家をリノベートした話題のくつろぎスポット。北欧家具が配されたシックな空間では、地元の伝統工芸品である萩焼でスイーツなどが楽しめる。

DATA ☞P33

徒歩すぐ

菊屋横町
きくやけじゅうたく
🕐14:30
菊屋家住宅

長州藩御用達の豪商宅を見学

長州藩士が足繁く通った商家・菊屋家の邸宅。城下町の中心に立ち、江戸初期築の建物は現存する大型町家では最古の部類に属し、主屋など敷地内の5棟が国の重要文化財に指定されている。

DATA ☞P28

① 金魚が泳ぐ坪庭を眺めてブレイク ② ショップスペースで買い物も◎

徒歩すぐ

① 金子司氏（☞P41）作の輪花カップ&ソーサー1組5500円 ② 伴裕子氏作の緑釉鉢4400円

徒歩15分

徒歩10分

堀内地区
ほりうちかいまがり
🕒14:00
堀内鍵曲

鍵の手に曲がる城下町特有の道

「鍵曲」とは道を鍵の手（直角）に曲げ、左右を高い土塀で囲んで見通しを悪くした、城下町特有の道のこと。国の重要伝統的建造物群保存地区の堀内地区のほか、平安古地区でも見られる。

① 別名を追廻し筋ともいう ② 一帯には鮮やかな色の夏みかんが

☎0838-25-1750（萩市観光協会）🏠萩市堀内 🕐🈁休見学自由 🚌バス停ミドリヤファーム入口から徒歩5分 🅿なし **MAP** P52B3

菊屋横町
さいとうあん
🕒16:00
彩陶庵

萩焼ギャラリーでショッピング

約400年の歴史がある萩焼を展示・販売するセレクトショップ。萩を代表する作家の茶陶から若手気鋭作家の一客、磁器まで幅広いラインナップが魅力。不定期で展示会も開かれる。

DATA ☞P43

徒歩16分

GOAL! 萩バスセンター

📖 「堀内鍵曲」などで植栽されている夏みかん。ほぼ通年見られ、5月初旬〜中旬ごろには、甘い香りのする白い花が咲き誇ります。

明治維新の原動力となった萩の志士たちについてお勉強

先見の明と並外れた行動力で幕末の日本を動かした萩の志士。
そのプロフィールやゆかりの地をおさらいしましょう。

幕末ヒーローを育てた維新の最重要人物

よしだしょういん
吉田松陰
文政13年〜安政6年
（1830〜1859年）

◆ 人物ファイル ◆

22歳のとき、江戸遊学中に出会った思想家・佐久間象山に師事し、ペリー来航時に密航を企てるも失敗。萩に送還され幽閉の身となるが、出獄後の安政4年（1857）に私塾・松下村塾を主宰。高杉晋作ら多くの志士を指導するなど、維新の礎を築くが、幕府の老中暗殺を計画した罪により、安政6年（1859）に斬首刑に処された。

松陰神社
しょういんじんじゃ
松陰神社

ゆかりのみどころ

明治40年（1907）に吉田松陰を祭神として創建された社。敷地内には、私塾の建物や宝物殿、松陰の生涯を紹介する歴史館もある。松陰が生まれた8月4日には例年、生誕祭が開かれる。
☎0838-22-4643 住萩市椿東1537
￥⊕休境内自由 交バス停松陰神社前からすぐ P70台 MAP P51B3

▲学問の神様としても広く知られている

╲ 境内もみどころがいっぱいです ╱

しょうかそんじゅく
松下村塾
松陰の叔父、玉木文之進が開いた私塾。当時の面影が残る建物は神社の正面にあり、国指定史跡でもある。外からのみ内部を見学できる。
DATA 松陰神社と同じ

しょういんじんじゃほうもつでん
松陰神社宝物殿「至誠館」
しせいかん
吉田松陰が刑死の直前に塾生たちに綴った書『留魂録』などを展示する。
☎0838-24-1027 ￥入館500円 ⊕9時〜16時30分 休無休

よしだしょういんれきしかん
吉田松陰歴史館
松陰が歩んだ人生を約70体のろう人形で紹介する資料館。20の場面に分けたわかりやすい展示が魅力。
☎0838-26-9116 ￥入館500円 ⊕9〜17時 休無休

なぜ萩は維新の中心になったの？

戦国時代の名将・毛利元就。その孫である輝元の命によって慶長9年（1604）に築城された萩城を中心に繁栄したのが萩だ。その後の安政4年（1857）には、吉田松陰が松下村塾の主宰者となり、高杉晋作や伊藤博文といった、のちに明治維新の中心となる人物を指導した。松陰の死後、志士たちは松陰の教えを受け継ぎ、坂本龍馬の仲介で薩摩藩と薩長同盟を結び、幕府を倒す原動力になっていった。

長州藩を倒幕へ導いた
幕末の風雲児

たかすぎしんさく
高杉晋作
天保10年～慶応3年
（1839～1867年）

ゆかりの
みどころ

▶庭には晋作自作の歌を刻んだ句碑もある

♦ 人物ファイル ♦

安政4年（1857）から松下村塾で学び、久坂玄瑞とともに塾の双璧と称される。文久2年（1862）に訪れた上海で、西洋列強が清国を植民地化する光景を目の当たりにし、日本の現状と未来を悟る。帰国後は奇兵隊を組織するなど、軍事面でさまざまな活躍をした。

菊屋横町
たかすぎしんさくたんじょうち
高杉晋作誕生地

日本初の民兵団を組織したことで知られる晋作の誕生地。写真や書などが展示されているほか、晋作の産湯に使われた井戸も残る。

☎0838-22-3078 住萩市南古萩町23 ¥入館100円 ⏰9～17時 休不定休 🚌バス停萩博物館前から徒歩5分 Ｐ萩博物館駐車場93台（有料）MAP P52C3

いとうひろぶみ
伊藤博文
天保12年～明治42年
（1841～1909年）

新生日本を象徴する
初代内閣総理大臣

ゆかりの
みどころ

▶伊藤博文直筆の書物などが展示されている

松陰神社周辺
いとうひろぶみきゅうたく・べってい
伊藤博文旧宅・別邸

博文が14歳から13年間を過ごした旧宅に別邸が隣接する。明治末期に東京に建てられた別邸の玄関、大広間、離れ座敷の3棟を移築したもの。

☎0838-25-1750（萩市観光協会）住萩市椿東1511-1 ¥旧宅見学無料（別邸入館100円）⏰9～17時 休無休 🚌バス停松陰神社前から徒歩5分 Ｐ7台 MAP P51B3 ※旧宅は外観のみ見学可

♦ 人物ファイル ♦

貧しい農家の出身ながら立身出世を成し遂げたことでも有名な人物。17歳で松下村塾に入った後、イギリスに密航留学。帰国後、高杉晋作らとともに倒幕運動で活躍した。維新後は明治政府の要職を歴任し、明治18年（1885）には初代内閣総理大臣に就任した。

近代国家の礎を築く
長州藩随一のキレ者

きどたかよし
木戸孝允
天保4年～明治10年
（1833～1877年）

♦ 人物ファイル ♦

旧名は桂小五郎といい、藩校の明倫館で松陰に師事。その後、江戸遊学の際に黒船が来航したことが大きな転機となる。長州藩の対外交渉役を担当し、薩長同盟の締結に尽力。維新後は、近代国家の基礎作りに励み、版籍奉還や廃藩置県などの改革に着手した。

菊屋横町周辺
きどたかよしきゅうたく
木戸孝允旧宅

藩医の長男である孝允の旧宅で、誕生から20年間を過ごした。当時の藩医の生活様式もうかがえる。

☎0838-25-1750（萩市観光協会）住萩市呉服町2-37 ¥入館100円 ⏰9～17時 休無休 🚌バス停萩博物館前から徒歩6分 Ｐ萩博物館駐車場93台（有料）MAP P52C3

▶孝允誕生の間など、よく旧態を残している

ゆかりの
みどころ

萩市役所周辺
はぎ・めいりんがくしゃ
萩・明倫学舎

日本最大級の木造校舎・旧明倫小学校を改修整備し公開。館内には世界遺産ビジターセンターやレストランなどがある。☎0838-21-0304 住萩市江向602 ¥本館無料、2号館は300円 ⏰9～17時（レストラン11～15時、18～21時※夜は予約のみ）休2月第1火・水曜 🚌バス停萩・明倫センターからすぐ Ｐ萩・明倫センター駐車場利用（有料）MAP P53D4

▶萩の魅力を発信

青空に映える白壁の街並み
城下町フォトジェニックさんぽ

散策所要
1時間

多数の史跡が点在する萩には、レトロな駅舎など撮影ポイントもいっぱい。
カメラを持って、風情あふれる城下町をのんびりと散策しましょう。

堀内鍵曲
ほりうちかいまがり
堀内鍵曲 ❶

道を鍵の手（直角）に曲げた城
下町特有の道筋。塀が長い影を
作る夕方がベスト（☞P23）。

萩城跡
はなのえちゃてい
花江茶亭 ❷

萩城跡・指月公園（☞P47）内
にある長州藩第13代藩主毛利
敬親公ゆかりの茶室。

ベストカットは 📷
ここで撮影しましょ

城跡では石垣で休む
猫の姿がちらほら

菊屋横町
きくやよこちょう
菊屋横町 ❸

菊屋家住宅（☞P28）の横
に延びる道。日本の道100選
に選定された白壁となまこ壁
が続く絶好のフォトスポット。

武家屋敷風の門も点在
している（萩城三の丸
北門屋敷 ☞ P49）A

時間があればもう一つの鍵曲へ

中心地から少し離れた「平安古
鍵曲」は、堀内地区から移り住んだ
重臣を守るために造られました。
☎0838-25-1750（萩市観光協会）
MAP P51A4

萩 ● 城下町フォトジェニックさんぽ

夕景が美しい菊ヶ浜 B

かわいい風景、
見つけました！

街のいたるところ
で見られる駐輪
場マーク C

萩城跡
（指月公園）
2 花江茶亭
菊ヶ浜 B
萩焼の宿 千春楽
宵待ちの宿
萩一輪
菊ヶ浜入口
JR萩駅から
まぁーるバス
西回りで44分
萩着護学校前
萩城跡・指月公園入口
北門屋敷入口 G
萩城趾入口
萩八景遊覧船乗り場
A
JR萩駅から
まぁーるバス
西回りで42分
東萩駅へ
萩高
萩西中
萩博物館前
萩博物館
菊屋家住宅 晦事
E C
木戸孝允旧宅
菊屋横町 3
晋作広場
円政寺
1 堀内鍵曲
人力車 立場（人力車乗り場）
F
0 200m N
平安古鍵曲へ
H 萩駅へ
玉江駅へ
萩海運のりばへ
東萩駅へ

萩博物館の敷地にある隅矢倉 D

味のある木製看板がゆ〜ら
ゆら E

大正レトロな造りのJR萩駅では待ち時間も楽しくなる H

船上から眺める景色も
いい G

人力車に乗って巡るのも
一興だ F

📖 江戸時代、藩主が参勤交代の際に通った御成道。現在は「田町商店街」になっており、歴史ある建物や店が多く残されています。

お庭や建物、しつらいが見事な 菊屋家住宅におじゃまします

見学所要 **30**分

往時の面影が色濃く残る城下町の中心に立つ菊屋家住宅は、萩観光のマストスポット。
江戸時代の商家ならではの独特な生活様式を見学しましょう。

1 書院からは美しい日本庭園が見られる 2 建物西側の通りは「菊屋横町」とよばれる（☞P26） 3 土間天井の小屋組など、随所に匠の技が光る 4 受付から主屋の入口まで続く飛び石

素敵なたたずまい

菊屋横町
きくやけじゅうたく
菊屋家住宅

全国的にも貴重な大型町家で
江戸時代の生活風景を垣間見る

長州藩の御用達を務めた豪商・菊屋家の邸宅で、慶長9年（1604）の毛利輝元の萩入国に従い、現在地に屋敷を構えたとされる。約2000坪ある敷地のうち、およそ3分の1が一般公開されており、主屋、本蔵、金蔵、米蔵、釜場の5棟が国指定重要文化財。特に主屋の歴史は古く、建築は江戸初期と、全国的にも希少価値が高い建物だ。

☎0838-22-0005 🏠萩市呉服町1-1 💴入館650円 🕘9〜17時（入館は〜16時45分）※冬期は変更の場合あり 🈳無休 🚌バス停萩博物館前から徒歩3分 🅿3台 MAP P52C3

▲見学者は主屋の玄関から入る

向かいの豪商宅も見学を
菊屋家住宅に向かい合うようにして立つ「旧久保田家住宅」。江戸後期に呉服商、のちに酒造業に転身しました。
☎0838-25-3139(萩市観光課)
MAP P52C3

おなりもん
御成門 Ⓐ
上級身分の使者専用の入口だった門。ここから見る庭園も美しい。

コチラに注目です

ていえん
庭園 Ⓓ
▲中央の石には殿様の駕籠が置かれた
築山式枯山水という作庭方式で、毛利輝元が萩城を築城する際に出た石が使われている。

▲縁側にはケヤキの板を使用

しょいん
書院 Ⓑ
慶安4年（1651）の建築と伝わる。幕府の使者の応接や藩の役宅として利用された。

レトロモチーフを発見

▲古い柱時計は伊藤博文のアメリカみやげ

おもや
主屋 Ⓒ
菊屋家の住居だった場所。殿様を上から見下ろすことは失礼ということから平屋造りに。

1 広い座敷など、みどころは豊富 **2** 当時の帳場机が置かれている **3** 民具や古書籍なども展示

おみやげにいかが？

▲街並みなどをあしらった絵はがき1組350円

  菊屋家住宅では例年4・5月と10・11月に通常非公開の美しい奥庭を公開（詳細はHPで要確認）。

静かな萩を楽しみたいなら 藍場川周辺がおすすめです

散策所要
3時間

市街地から南東の場所に流れる藍場川周辺は、穏やかな空気が流れる憩いのスポット。
川沿いをゆったり歩いて、川とともに暮らしてきた地域の生活にふれてみましょう。

START! 🚏 バス停 **藍場川入口**

徒歩すぐ

① あいばがわ 藍場川

市内を流れる、鯉が泳ぐ小川

松本川から市街地までを結ぶ。もとは用水路として整備された川で、その後、下流に藍玉を作る藍場ができ、川が藍色に染まったことからこの名がついた。

☎0838-25-3139(萩市観光課) 住萩市川島 料時休散策自由 交バス停藍場川入口からすぐ P藍場川駐車場6台 MAP P31左中・P51B4

1 色鮮やかな鯉が泳ぐ。川の長さは約2.6km 2 周辺では鯉のエサ1袋50円〜も販売している

柳が揺れる川沿いを歩いて行こう 1

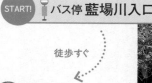

徒歩8分

徒歩すぐ

② かつらたろうきゅうたく 桂太郎旧宅

季節の花が咲く庭園を鑑賞

明治維新後、3度にわたり内閣総理大臣を務めた桂太郎の旧宅。藍場川の水を引き込んだ流水式の池泉庭園は椿や桜など季節の花々に彩られ、美しい風景をつくり出している。

☎0838-25-3139(萩市観光課) 住萩市川島73-2 料入館100円 時9〜17時 休無休 交バス停藍場川入口から徒歩8分 P藍場川観光駐車場25台 MAP P31右下

1 深山幽谷を表した庭園には笠山の石を使用 2 明治42年(1909)に新築した建物。主屋は派手さを抑えた造り 3 庭園には桂太郎の銅像が立つ

1 川の水を利用した台所のハバ **2** 川に架かる石橋を渡って屋敷内へ

流水式池泉庭園のほか、主屋には茶室もある

3 旧湯川家屋敷
きゅうゆかわけやしき

昔ながらの造りに注目を

藍場川の最上流に立つ武家屋敷で、川の水位の管理などを行う藩士が住んでいた。川の水を引き込んだ庭園、そこから流れ出る水を利用した台所や風呂など、敷地内の随所で当時の生活様式を見ることができる。

☎0838-25-3139（萩市観光課）**住**萩市川島67 **￥**入館100円 **⏰**9〜17時 **休**無休 **交**バス停藍場川入口から徒歩10分 **P**藍場川観光駐車場25台 **MAP**P31右下

徒歩すぐ

4 元萩窯
げんしゅうがま

毎日使いたくなる萩焼を探そう

伝統的な茶道具のほか、生活を彩る食器類や遊び心あふれる作品を創作する窯元兼ギャラリー。みやげ品だけでなく、茶碗やカップなど日常使いに最適な萩焼が見つかる。

DATA ☞ P46

1 萩焼ならではのやさしい風合いと色彩が特徴のスープマグ **2** 木の葉をかたどった皿は白い釉薬が特徴の独創的なデザイン **3** 心が和む三輪車や猫の箸置き

築130年の古民家を利用した風情ある建物

徒歩11分

5 Gallery&Cafe 藍場川の家
ぎゃらりーあんどかふぇ あいばがわのいえ

アートで感性を刺激する洋館

ガラス張りの出窓と吹き抜けの天井が開放感を演出。厳選した本格的な紅茶や季節のスイーツが揃う。穏やかな水面の藍場川のせせらぎに耳を傾け極上のひとときを。

☎0838-26-1536 **住**萩市川島294 **⏰**10時〜16時30分LO **休**火・水曜 **交**バス停藍場川入口から徒歩4分 **P**7台 **MAP**P31左上

1 窓際のカウンターやソファ、テラス席がある **2** ランチキッシュセット1000円〜

徒歩4分 **GOAL!** 🚏バス停 **藍場川入口**

📖 藍場川沿いを歩いていると目にする多数の石橋。それぞれに形が異なるので注意深く見てみましょう。

萩 ● 静かな萩を楽しみたいなら藍場川周辺

お庭を眺めてひと休み、萩焼がスイーツを引き立てます

"焼物の街"として有名なエリアだけあって、名器で料理を供する店がたくさん。
四季折々に美しいお庭を眺めながら極上のティータイムを過ごしましょう。

菊屋横町周辺
ていえんかふぇ ほとりてい
庭園カフェ 畔亭

広大な庭園を有する茶寮

網元の屋敷だった建物を改装したカフェで、約800坪の日本庭園が見事。庭園は建物のどの部屋からも眺められる。カフェのほか、黒毛和牛のハンバーグランチプレート1650円も美味。

☎0838-22-1755 🏠萩市南片河町62 ⏰11～16時 休不定休 交バス停萩博物館前から徒歩5分 P7台 MAP P52C3

> 本格的な枯山水庭園の
> つくばいが涼し気です

> こんな萩焼で楽しめます
> 「草胆庵」の植草達郎氏をはじめとした萩焼作家の作品が使用されている。

❶ハンバーグランチプレート1650円❷南側の部屋からも見事な庭園が望める❸併設のNero Bakeでは焙煎したコーヒー480円が味わえる

菊屋横町周辺
おちゃどころ せいせいあん
御茶処 惺々庵

有名作家の茶碗で一服

本格的な茶室や、落ち着いた座敷から風情ある庭を眺めながら、茶道の先生が点てたお茶が味わえる。希望すれば人間国宝・十代、十一代三輪休雪らなどの一流作家の器で味わえる。

☎0838-22-3929 🏠萩市呉服町1-27 ⏰10～16時(要確認) 休不定休 交バス停萩博物館前から徒歩3分 P1台 MAP P52C3

> 庭木のある庭園と座敷を
> 四季の茶花が彩ります

> こんな萩焼で楽しめます
> 萩を代表する約20の窯元の茶碗を揃える。人間国宝の作品の器はプラス200円で利用可。

❶茶室は20名以上の団体のみ要予約で利用できる❷抹茶500円はお菓子付き。ほか煎茶600円や番茶500円もある

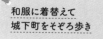
和服に着替えて
城下町をそぞろ歩き

「Kimono Style Café」では着物の1日レンタルを行っていて、男女合わせて200種以上が揃います。料金は着付け込みで3980円とリーズナブル。利用者はドリンクが無料で、無料撮影の特典もあります（要予約）。

菊屋横町周辺
ことこと
晦事

町家を改装したモダンな空間

築200年を数える町家を再利用。板張りの店内には、商品として販売もされる北欧の家具が並ぶ。スイーツのほか、野菜や果物の甘みが利いたスパイシー萩カレーセット1100円も評判。

☎0838-26-7199 🏠萩市呉服町2-32 ⏰10時〜16時30分LO（季節により異なる）💈第2・4火曜 🚏バス停萩博物館前から徒歩4分 Ｐなし MAP P52C3

坪庭の池も
情趣に満ちています

> こんな萩焼で楽しめます
> 気鋭作家として注目を集める大屋窯（☞P40）の陶器や磁器を使用。器はショップで販売。

❶かわいらしい雑貨を販売するショップスペースも併設 ❷カフェオレ500円と一緒に夏みかんゼリー400円もぜひ

菊屋横町周辺
きもの すたいる かふぇ
Kimono Style Café

藩士が過ごした古民家を利用

長州藩士ゆかりの古民家を活用した喫茶。まろやかな風味の萩珈琲440円や、さわやかな酸味が絶妙な夏みかんゼリー400円など、カフェメニューはすべて萩焼で提供される。

☎0838-21-7000 🏠萩市呉服町2-39 ⏰10時〜18時 💈木曜（祝日の場合は営業）🚏バス停萩博物館前から徒歩6分 Ｐ6台 MAP P52C3

初夏になると
緑豊かな庭に夏みかんが

> こんな萩焼で楽しめます
> 萩の夕焼けをイメージしたタンブラーは2200円で購入も可能。淡い暖色のグラデーションが絶妙。

❶旧家が軒を連ねる江戸屋横町にある ❷抹茶シフォンケーキ400円、抹茶オレフロート650円

📖 「御茶処 惺々庵」以外の3店舗では、萩焼の販売もあります。あれこれ手に取ってお気に入りの一品を探してみましょう。

散策途中に立ち寄りたくなる
心落ち着くほっこりカフェ

城下町散策で和の風情を堪能したら、落ち着いた雰囲気のカフェでひと休み。
センスが光る空間には、時が経つのを忘れてしまうほどスローな時間が流れています。

こんな空間です
センスの良いインテリアに囲まれ、やわらかな光が差す店内は癒やしの空間。

こんな空間です
店に入るとまず目に入るのがグランドピアノ。壁面には萩焼ギャラリーも設置。

おすすめメニュー

果実シロップ
ソーダ割り 500円
自家製果実シロップを
使用した絶品ドリンク
は見た目もキュート

城下町周辺
ぱとら かふぇ
patra cafe

かわいい平屋でほっこりランチタイム

地元の食材を取り入れた家庭的なランチが人気。週替わりランチ900円など、品数が多くボリュームも大満足。温かな雰囲気のおしゃれなスロー空間でのんびり過ごせる。

☎0838-21-7075 住萩市平安古町603-3 ●ランチタイム11時30分～15時、カフェタイム15～17時LO 休日曜、ほか不定休 交バス停萩美術館浦上記念館・萩城城下町入口からすぐ P3台 MAP P52C3

ナチュラルな雰囲気の外観▲

おすすめメニュー

ケーキセット
600円
ドリンクと選べる
16種のケーキ
がセット。写真は
チーズケーキ

紅茶
500円
老舗紅茶店マリアージ
ュ・フレールの紅茶を
60種類揃える

菊屋横町周辺
かふぇしづきさりょう
Cafe指月茶寮

シックな雰囲気の空間でひと息

和と洋が調和したスタイリッシュなカフェ。コーヒーは豆を独自ブレンドして自家焙煎している。このほか、ピッツァセット1000円などの軽食も充実している。

☎0838-26-1227 住萩市呉服町1-12 ●11時30分～14時30分LO、15時～16時30分LO 休火・木曜 交バス停萩博物館前から徒歩1分 P4台 MAP P52C3

ペットも可のテラス席も完備▶

地元で有名な絶品かき氷

萩で昔から親しまれている「やまざき屋」。遠方にもファンが多い人気メニュー「やまざきのかき氷」300円〜は、先代から伝わる技法で作られた手作り氷みつがおいしさの秘訣。

☎0838-25-5337 **MAP** P52C2

萩 ●心落ち着くほっこりカフェ

こんな空間です
ゆったりとした空間でクラシックを聴きながら厳選された珈琲を楽しめる。

● おすすめメニュー

珈琲ぜんざい
1250円
異人館オリジナルの逸品メニュー。北海道十勝産大納言を使用した手作りの餡とほどよい苦味の珈琲のハーモニー。

菊屋横町周辺
かふぇてりあいじんかん
カフェテリア異人館
レトロな風情に満ちる純喫茶

日本家屋が立ち並ぶ通りにたたずむレトロモダンな喫茶店。地下40mから汲み上げる地下水を使うコーヒーは、これ目当てという常連も多い人気メニュー。

☎0838-22-2682 **住**萩市呉服町2-61 **時**10時30分〜16時30分 **休**火曜 **交**バス停萩美術館 浦上記念館・萩城城下町入口から徒歩3分 **P**5台 **MAP** P52C3

レンガ造りの外観が目を引く▶

こんな空間です
静かな落ち着いた店内で、豆を挽く音とともに香ばしいコーヒーの香りが漂う。

● おすすめメニュー

日替わりケーキ
バイエルン 390円
手作りの日替わりケーキはコーヒーと相性ピッタリ

シアマンチーナ・ヨシマツ・ブラジル
510円
ブラジル産コーヒー豆を使用。香り高く、味わい深い一杯

東萩駅周辺
ながやもんこーひー かふぇ・ていかる
長屋門珈琲 カフェ・ティカル
香り高い極上の一杯を特別な萩焼で

約20種のコーヒー豆が揃う純喫茶。ドリップコーヒーは世界各地から厳選した豆を使用。店主と20年来の付き合いという陶芸家・金子司氏の特製コーヒーカップで味わおう。

☎0838-26-2933 **住**萩市土原298-1 **時**9時30分〜19時(日曜、祝日は〜18時) **休**月曜 **交**バス停エヌティーエー旅行前から徒歩10分 **P**10台 **MAP** P53F3

「小川家長屋門」の敷地内にある▶

 「Cafe指月茶寮」のテラス席ではペットと一緒に食事やお茶を楽しめます。

剣先イカ、瀬つきアジetc.
新鮮な魚介をいただきます

日本海に面した萩は海鮮グルメの宝庫としても知られています。
海の幸にはちょっと辛口な萩市民も太鼓判のおすすめ4軒をご紹介します。

旬 6〜9月

剣先イカ（けんさき）
イカの中で最も味がよいとされる一級品。透き通った身は、濃厚な甘みが独特で、焼いてもうまい。

剣先イカの活造り
時価（2970円〜）
肉厚な身はそのままでも美味。頭と足は天ぷらにしてもらえる。

旬 通年

アマダイ
鮮度がすぐに落ちてしまうので、県外に出回ることは少ない。安定してとれる夏期が旬ともいわれる。

アマダイの唐揚げ定食
2200円（平日昼のみ）
薄めの衣に包まれた身はホクホク。特製の酢をかけてどうぞ。

東萩駅周辺

萩心海、（はぎしんかい）

巨大生け簀には無数の魚の姿が

店内に入ると目に飛び込んでくる生け簀は、水量50tもあるビッグサイズ。自慢の剣先イカは、注文を受けた後、生け簀から取り出し、素早く調理する。

☎0838-26-1221 住萩市土原370-71 営11時〜13時30分LO、17時〜20時30分LO 休水曜 交JR東萩駅から徒歩4分 P30台 MAP P53E2

店内は掘りごたつにカウンター、座敷とくつろぎの空間

東萩駅周辺

割烹 千代（かっぽう ちよ）

萩が誇る割烹の名店で絶品シーフードを

創業約50年の割烹店。一本釣りの天然魚が味わえる店で、フグやウニの料理も評判。

☎0838-22-1128 住萩市今古萩町20-4 営11時30分〜14時、18時〜21時30分LO（日曜は昼のみ営業） 休月曜、第1・3火曜（祝日の場合は翌日）交バス停野山獄跡入口から徒歩1分、またはバス停萩グランドホテル天空前から徒歩3分 P20台 MAP P53E2

この地酒とともに

東洋美人（とうよう びじん）
300ml 1760円
やわらかな飲み口とすっきりとした味わいが、料理のおいしさを引き立てる。

一枚板を使ったカウンター席が店主のイチオシ

萩のローカルフード
魚カツをおみやげに

村田蒲鉾店の「魚カツ」1枚108円。地元では有名で、衣のサクサク感と蒲鉾のふんわりした食感が酒の肴や惣菜にもピッタリ。土・日曜、祝日に、「道の駅 萩しーまーと」にて数量限定で販売しています。 **DATA** ☞ P47

（縦書き右側）萩 ● 剣先イカ、瀬つきアジetc. 新鮮な魚介をいただきます

アカウニ

旬 7〜9月

漁獲量が少ないため、産地周辺でしか味わえない貴重なウニ。一般的なウニに比べ、色が白いのも特徴だ。

うに丼
時価
甘くとろけるような食感のウニを、ご飯が見えないほどどっさり!

瀬つきアジ

旬 4〜8月

天然の瀬(岩礁)に生息するアジのことで、市のブランド魚に指定。ふっくらとした体型で身はやわらかい。

瀬つきアジの造り
800〜1600円(時価)
天然物の1本釣りにこだわった最高級の瀬つきアジが食べられる。

萩バスセンター周辺
おしょくじどころ こづち

お食事処 こづち

種類豊富な魚介料理を
地元価格で

トレピチの海鮮の料理が味わえる食事処。カサ貝などの貝類の一品ものから定食まで揃う。味のよさは地元客が足繁く通うことからもうかがえる。

☎0838-22-7956 **住**萩市東田町18-4ヤングプラザ萩1階 **⏰**11〜14時LO、18時〜翌2時(日曜は夜のみ営業) **休**水曜 **交**バス停吉田町から徒歩2分 **P**5台 **MAP**P53E3

この地酒とともに

ちょうもんきょう
長門峡
300㎖1000円
やや酸味がある口当たりで、口に含むとさわやかな甘みが広がり、後味はまろやか。魚介はもちろん、どんな料理にも合うと親しまれている。

カウンターのほか、広々とした座敷も備える。

菊屋横町周辺
にほんりょうり あじろ

日本料理 あじろ

地元の幸で作る
本格的な和食をぜひ

地元産の魚介類中心の新鮮食材を使った各種料理が楽しめる。天ぷら御膳2250円、懐石料理6600円〜(前日まで要予約)など。

☎0838-22-0010 **住**萩市南片河町67 **⏰**11時30分〜14時、17〜21時 **休**水曜(祝日の場合は営業し前後の平日代休) **交**バス停萩博物館前から徒歩4分 **P**7台 **MAP**P52C3

この地酒とともに

ちょうようふくむすめ
長陽福娘
純米大吟醸
1合1690円
地下水と県産の米のみを使う。やや辛口で冷やかぬる燗が◎。

個室席のほか、カウンター席やテーブル席もある。

📖ⓘ 街なかの飲食店で目にする「萩魚」は、瀬つきアジやアマダイなど平成16年(2004)に選定された萩の地魚のこと。

肉汁とうま味がジュワ～
見蘭牛（けんらんぎゅう）&むつみ豚も注目です

美しい霜降りの牛肉、甘～い豚肉と、まだまだ萩にはブランド食材があります。
焼肉やステーキ、トンカツにハンバーグとさまざまな食べ方でいただきましょう。

萩城跡周辺
みどりやふぁーむ あみやきれすとらんけんらん

ミドリヤファーム
網焼きレストラン見蘭

牧場直営だから鮮度は抜群

県内で唯一、見蘭牛と見島牛を肥育・販売するミドリヤファームの直営店。とろけるような食感とうま味が評判の見蘭牛は、大トロカルビ1738円などで味わえ、近年人気のむつみ豚も同様に焼肉スタイル（その日の入荷状況により異なる）で食べられる。

☎0838-26-0141 住萩市堀内89 ⏰17時～21時30分LO 休月曜（祝日の場合は翌日）交バス停ミドリヤファーム入口から徒歩2分 P40台
MAP P52A3

▶年に数回、見島牛の販売（要確認）を行う

これもオススメ

特選ヒレ（たれ・塩）
1408円

見蘭牛（けんらんぎゅう）って？
萩沖の見島にのみ生息する、国の天然記念物の見島牛と、ホルスタイン種を交配したブランド牛。濃厚な脂、マイルドな肉のうま味が特徴で、シンプルに焼いて食べるのが当地流。

見蘭牛特選盛合せ
（2人前）
1皿4400円
上ロースや上カルビなど、5種の部位が堪能できる豪勢な一品

むつみ豚しそ巻き
3本 660円
特製ダレにつければ、濃厚な脂もあっさりと味わえる

▲煙があまり出ないコンロを設置

むつみ豚って？
萩市の小野養豚でのみ飼育されている希少な豚。乾燥したパン粉を主体とした自然配合飼料を与えることで、肉や脂に甘みをプラス。豚特有の臭みがないのもポイントだ。

10秒ロース
1760円

これもオススメ

●見蘭牛のメニューはほかにも、特選ロース1628円、ハラミ・サガリ1628円などバラエティ豊かに揃えられている。焼き野菜や海鮮、食事メニューもある

ブランドビーフを
お持ち帰り

萩バスセンター周辺

はぎのさけとはぎのさかな まる

萩の酒と萩の肴 MARU

萩の名物が揃うモダンな居酒屋

見蘭牛をはじめ、長州鶏、むつみ豚な
ど萩を代表するブランド肉や、金太
郎、瀬つきアジなどの魚介が食べら
れる。定番料理のほか、萩の蔵元 六
蔵 腕試しセット1200円もおすすめ。
☎0838-26-5060 住萩市吉田町78
🕐17〜22時LO 休日曜、祝日 交バス停萩セン
ターから徒歩5分 P3台 MAP P53E3

見蘭牛

1階はカウンタ
ー席とテーブル
席。2階は座敷

見蘭牛のにぎりずし
6貫 1200円
ほどよくサシが入った新鮮な
見蘭牛をおすすに。肉のうま
味をしっかりと味わえる

漁師小屋風の
店内。平日は地
元客で賑わう

むつみ豚とんかつ定食
1100円
大きくカットされたサクサク
衣のトンカツに、味噌汁、ご
飯などが付く

むつみ豚

萩バスセンター周辺

ふるさとかぞく

ふるさと家族

希少な豚肉をがっつり味わう

民宿に併設された食事処。むつみ豚
で作るトンカツは、肉のうま味を逃さ
ないよう生パン粉で包んだ珠玉の一
品。☎0838-22-6666 住萩市土原260
🕐11時30分〜13時30分LO、17時30分〜
21時30分LO ※状況により変動あり 休水・木
曜 交バス停萩バスセンターから徒歩10分
P20台 MAP P53E3

萩市郊外

けんらんぎゅうだいにんぐ げん

見蘭牛ダイニング 玄

ブランド素材をハンバーグで

希少価値が高い見蘭牛やむつみ豚を
手軽に味わえるダイニングレストラン。
ハンバーグ 究極の黒1265円のほ
か、むつみ豚の豚丼935円や見蘭牛
の牛すじカレー1210円もおすすめ。
☎0838-25-1113 住萩市椿鹿背ヶ坂1258
🕐11〜15時(土・日曜、祝日は〜17時) 休火曜
(祝日の場合は翌日) 交JR萩駅から車で5分
P64台 MAP 折込裏D4

見蘭牛

店頭にはテイクアウト
コーナーもある

ハンバーグ 至極の金
(ご飯セット) 1870円
見蘭牛を100%使用。柑橘
系のソースが肉のうま味を引
き立てる

むつみ豚の産地・むつみ地域には「むつみフラワーロード」があり、7月下旬〜8月上旬に約4haの畑で約25万本のひまわりが咲き誇ります。

萩焼の気鋭作家の窯元を訪ねてみませんか？

400年の歴史の中で洗練されてきた萩焼は、新たなステップへ。
市内で活躍する話題の新進気鋭の窯元＆作家をご紹介します。

入口すぐのショップには窯元の陶磁器に加え、ジュエリー作品も並ぶ

萩駅周辺

おおやがま
大屋窯

個性豊かな親子3人が活躍中

市街地の南方、日輪山の麓の緑豊かな地に位置する窯元。
国内外で活躍している陶芸家・濱中月村氏が開窯。普段使い
の大屋窯の器を展示しているショップのほかに、月村氏の作
品、史朗氏の作品、孝子氏の繊細なジュエリー作品も展示・
販売されている。

☎0838-22-7110 萩市椿905 ⏰13〜17時 水・木曜（HPを要
確認）🚌バス停ザ・ビッグエクストラ萩店から徒歩10分、またはバス停萩
バスセンターから車で10分 🅿10台 MAP P51B4

🏺◀▼ 作家さんは
コチラ

はまなかげっそん
・濱中月村
はまなか しろう
・濱中史朗
はまなかたかこ
・濱中孝子

◀箸置（鯛、左）770
円、花鉢（下）1760円

◀ショップは周辺の
景観に溶け込むよ
うにして立つ

🏠 ステキな窯元を見学

降り注ぐ陽光が作品を温かく照らして
いる

ショップを出ると目に飛び込んでくる古
い登り窯

月村氏の作品を展示する母屋は住居
兼ギャラリー

菊屋横町周辺
はだのしげつがま
波多野指月窯
父から受け継ぐ技を新たな形で

世界遺産の城下町堀内地区に位置し、昔ながらの登り窯焼成にこだわる親子2代の窯元。父の波多野善蔵氏は山口県指定無形文化財萩焼保持者で、夕日の燃える色のような鮮やかな緋色シリーズが有名。一方、父の技術を受け継ぎ、モダンさを取り入れた英生氏の作品は、造形の妙と使い勝手を兼備した作風になっている。

☎0838-22-1784 住萩市堀内247-5 ◐9〜17時（登り窯見学は要予約）休不定休 交バス停萩博物館前から徒歩4分 ℗8台 MAP P52B3

作家さんはコチラ

・波多野善蔵 はだのぜんぞう
・波多野英生 はだのひでお

注器（右）1個1万1000円〜は氷を入れても注ぐ際に口の部分で止まる

英生氏は平成24年（2012）に山口県芸術文化振興奨励賞を受賞

英生氏と県指定無形文化財の父の作品が並ぶ

角花入（手前）1個1万3200円〜は斜めにディスプレイできる立方体の花器

◆◆◆◆◆◆◆◆◆◆◆◆◆◆◆◆◆◆◆◆◆◆◆◆◆◆◆◆◆◆◆◆◆◆◆◆◆◆

金線文入りの黒彩皿（手前）1枚6600円と緑釉片口（奥）1個6600円

和左氏は作家である父に師事し萩焼の道へ

作家さんはコチラ
・野坂和左 のさかかずさ

黒彩酒杯（銀線文入り）1個7700円、皿付フリーカップ1個6600円

広々としたスペースに和の造りが落ち着くギャラリー

玉江橋周辺
のさかこうげつがま
野坂江月窯
クールな表情を追求する名門

萩でも名門の窯元とあって、和左氏は伝統的な風合いを重んじる一方で、萩焼では珍しい洗練された色調や造形も追求。鮮やかなブルーやグリーン系の釉薬、黒化粧を使う鋭いフォルムの作品は、和洋問わずどんな空間にもしっくり溶け込み、ひときわ存在感を放つ。

☎0838-22-0879 住萩市山田4319 ◐9〜17時 休不定休 交バス停楽々園前から徒歩1分 ℗10台 MAP P51A4

◆◆◆◆◆◆◆◆◆◆◆◆◆◆◆◆◆◆◆◆◆◆◆◆◆◆◆◆◆◆◆◆◆◆◆◆◆◆

萩市郊外
かねこつかさ
カネコツカサ
墨流しで描く美しい色彩と模様

国内外の展示会にも作品を出展している金子司氏。その作品の最大の特徴は、古くからある技法「墨流し」を現代に昇華した独自の絵付け法。粘土に顔料を混ぜた泥漿をのせ、振動を与えて生み出すシャープなラインや渦巻きが、どこか異国的で粋な印象を与える。

☎0838-27-0238 住萩市三見2300-1 ◐9時30分〜18時30分（要事前連絡）休不定休 交JR東萩駅から車で12分 ℗5台 MAP 折込裏D4

作家さんはコチラ
・金子 司 かねこつかさ

注器1個1万3200円のフタ1個2200円は200種以上が揃う

家具や作品のコーディネートにもセンスを感じる

スポイトで一滴ずつ慎重に絵付けしていく

注器（手前）1個5500円など、独特な模様と色合いは見る者を虜にする

📖近年の萩焼は伝統的な茶器のほか、カップ＆ソーサーなどの普段使いできる器が増えているそうです。

センスが光る素敵ショップで とっておきの萩焼を探しましょう

100以上ある窯元の数に比例するように、萩焼ショップは市内の各所に点在しています。
洗練された空間で器を選べば、きっと自分だけのお気に入りが見つかるはず！

伝統の一品から
最新デザインまで多数

萩駅周辺
ぎゃらりーしゅうとう
ギャラリー萩陶

自社工房の作品を中心に、食器や花器、茶器など、その数は300点以上。「日常生活にもっと萩焼を」との思いからリーズナブルな商品も多いので、みやげ選びにおすすめだ。

☎0838-22-2441 🏠萩市椿3775 🕙10〜16時 🈺日曜、祝日、第2・4土曜 🚉バス停ザ・ビッグエクストラ萩店から徒歩8分 🅿6台
MAP P51B4

1 店内の一角では常時セールを行っている
2 長方形の大きな窓が目印

萩の空碗
1個 1925円
器の底で光り輝くガラスがポイント

mint飯碗
1個 1980円
吸い込まれそうなミントグリーンの色合いが魅力的

Shikisaiプレート
1枚 1870円
ピンクとブルーの掛け分けを施したモダンな印象

東萩駅周辺
はぎやきかまもと せんりゅうざん
萩焼窯元 泉流山

吉賀大眉記念館（☞P46）に隣接するギャラリーショップ。京町家をイメージさせる古風な店内に、名高い窯元の作品がインテリアとなって溶け込んでいる。

☎0838-22-0541 🏠萩市椿東4481 🕙9〜17時 🈺水曜（祝日の場合は営業）🚉バス停吉賀大眉記念館前からすぐ 🅿20台
MAP P51B2

1 店内には本格的な茶室もしつらえられている
2 国道沿いと交通も至便

町家風の空間で
珠玉の一品を吟味

絵付フリーカップ
1個 4200円
猫の模様をあしらったキュートな一品

うさぎの小皿
1枚 1850円
伝統的な古萩の形を模して作られた一枚

夫婦湯のみ
2個セット
5500円
木箱入りなのでプレゼントに最適だ

※掲載された商品は品切れの場合や価格が変更されることがあります。

城下町の中心に立つ
萩焼のアートスペース

菊屋横町
さいとうあん
彩陶庵

萩焼と地酒のセレクトショップ。萩を代表する名だたる作家の逸品や若手作家を中心とした気鋭の作品などを展示販売。萩の地酒も取り扱っており、彩陶庵セレクトの地酒にぴったりな酒器も購入できる。

☎0838-25-3110 住萩市呉服町1-3
⏰11～17時(変更の場合あり) 休水・木曜
交バス停萩博物館前から徒歩3分 P2台
MAP P52C3
1 見ているだけで楽しい個性あふれる作品がズラリと並ぶ 2 菊屋家住宅(☞P23・28)からすぐの好立地にある

萩 ● 素敵ショップで萩焼探し

ゆらぎ碗
1個 5500円
透明感のある青萩で定評の納冨晋氏による碗

猫杯
1個 3850円
ゆらゆら揺れる杯、女性作家の止原理美氏の作品

キノコ
1個 1540円
金子司氏による作品で画びょうとして使用

松陰神社周辺
とうぼうだいけいあんひぐちがま
陶房大桂庵樋口窯

松陰神社(☞P22・24)の近くにあるので、観光後に立ち寄って萩焼ショッピングを楽しもう。作風は伝統の技にモダンさを取り入れたものが多く、季節ごとに一部の商品が入れ替わる。

☎0838-22-1447 住萩市椿東椎原1505
⏰9時30分～16時30分(要問合せ) 休不定休 交バス停松陰神社前から徒歩4分 P5台
MAP P51B3

1 店内の一角には休憩コーナーを設置
2 周辺の風景に調和した店構え

松陰神社からすぐ
季節の展示が見事

**カップ&ソーサー鉄赤釉
朝顔形** 1セット 5875円
漆器をイメージさせる深みのある赤色が独特

小皿御本手丸
1枚 2074円
萩焼特有の色で「ホタル」や「紅葉」とよぶ

小鉢白姫四方
1個 3985円
ちょっとしたおかずを入れるのにぴったり

📖 年に一度の「萩焼まつり」では、萩焼の販売会などが行われています。(詳細は公式HPを要確認)

おいしい！ かわいい！ おくばりみやげ図鑑

萩の街は、地元っ子が大好きなおやつからキュートな雑貨まで、おみやげの種類が豊富。旅のプランにおみやげ選びも組み込んで、観光と合わせてお買い物も楽しみましょう。

まん丸夏みかんの中にはようかんが

夏蜜柑丸漬 1個 1458円

夏みかんをくりぬいて皮は蜜煮し、中に白ようかんを流し込んだ名物。さわやかな風味と上品な甘さが絶妙。 1

キュートなルックスに一目惚れ

オレンジ4キュート 180㎖ 648円

4倍に薄めて飲む夏みかんジュース。丸くてかわいいフォルムが人気で、飲んだ後は花瓶としても使える。 2

ほのかな苦みが味の決め手

夏みかんマーマレード 160g 756円

厳選した地元産の夏みかんを使用。皮特有の深みのある苦みと歯ごたえをそのままに仕上げている。 2

夏みかん、地元っ子のおもたせetc. おいしいおみやげ

レトロなパッケージも素敵

ふわふわの食感が人気です

夏みかんサイダー 200㎖ 200円

夏みかんの果汁入りサイダー。弾けるようなのど越しは、夏場の水分補給に最適だ。 3

月でひろった卵 1個 220円

発売から約30年の山口銘菓。ふわふわのカステラ生地の中には、とろけるクリームがたっぷり。 4

県産卵たっぷりバウム

うさぎの森のなみなみバウム 1本 800円

県産の新鮮な卵を使用した、しっとりふんわりの生地に、やさしい甘さのフォンダンをぬった逸品。 4

東萩駅周辺
みつくにほんてん
1 光國本店

安政5年（1858）創業の老舗和菓子店で、夏みかん菓子の元祖として知られる。

☎0838-22-0239 住萩市熊谷町41 営9〜17時 休不定休 交バス停野山獄跡入口から徒歩4分 P3台 MAP P53D2

越ケ浜
ゆずやほんてん
2 柚子屋本店

見た目もキュートな夏みかんの菓子やジュースが揃う柑橘食品専門店。

☎0838-26-2111 住萩市椿東1189 営9〜17時 休無休 交バス停越ケ浜から徒歩8分 P30台 MAP P51B1

松陰神社周辺
はぎみかんのたけなか
3 萩みかんのたけなか

松陰神社（☞P22・24）内にあり、夏みかんジュース1杯200円も販売。

☎0838-25-4111 住萩市椿東1537 営8〜17時（12〜2月8時30分〜） 休無休 交バス停松陰神社前からすぐ P50台 MAP P51B3

菊屋横町周辺
かしのき はぎびじゅつかんまえてん
4 果子乃季 萩美術館前店

焼き菓子や生菓子、和菓子など品揃えも豊富。

☎0838-24-5555 住萩市平安古町583-1 営10〜18時 休無休 交バス停萩美術館 浦上記念館・萩城下町入口から徒歩2分 P10台 MAP P52C4

※掲載された商品は品切れの場合や価格が変更されることがあります。

菓子から工芸品まで 特産品が揃います

商店街のアーケードの中にある「萩おみやげ博物館」は、萩の特産品や地酒など、常時300種以上が揃う物産館です。おみやげ選びに迷ったらぜひ訪れてみて。
☎0838-26-5339 MAP P53E3

形のバリエーションも楽しんで

柚子の入れ物 1個1650円
クローバーの箸置き 1個600円
地元で採掘される石英玄武岩を精製して作る萩ガラス。独特な色と職人の技が光るディテールに注目。 5

げんかつぎに持ち歩こう

てぬぐい 各1320円
すべてオリジナルデザインで、"おめでたい"鯛柄はもちろん、萩らしい夏みかん柄などもある。 6

エコバッグにいかが？

あづま袋 2200円
風呂敷のようなオリジナル手ぬぐいの両端を結ぶとバッグに変身！ポップでかわいい色合いが人気。 6

萩ガラス、ハンドメイドの和雑貨etc.
かわいいおみやげ

お会計もキュートに演出しましょ

ネコがま口 各2800円
微笑みかけるような表情がユニークながま口。オスとメスの2種あり、見極めるポイントは前髪。 7

食卓をアートな雰囲気に

リンゴコースター 各550円
模様、カラーさまざまなリンゴ型のコースター。リバーシブルなので、気分に合わせて使い分けて。 7

リュックを背負ったウサギが行進

ピクニック（うさぎ） 1セット5匹4070円
天然木を使った創作おもちゃ。創造性をかきたてる商品は、子どもから大人まで楽しめる。 8

越ケ浜
はぎがらすこうぼう
5 萩ガラス工房
幕末に長州藩が手がけた萩ガラスの復元・継承を目指してガラス器を制作・販売。
☎0838-26-2555 住萩市椿東1189-160 時9～17時 休無休 交バス停越ケ浜から徒歩7分 P30台 MAP P51B1

東萩駅周辺
いわかわはたてん
6 岩川旗店
大漁旗の生地で作る小物が女性客に好評。
☎0838-22-0273 住萩市古萩町40 時9～18時(土・日曜、祝日10～17時) 休不定休 交バス停吉田町から徒歩2分 P4台 MAP P53E3

萩バスセンター周辺
あーと しょっぷ たづ
7 art shop tazz.
気鋭の若手作家の作品を中心に販売するショップ。
☎0838-26-6020 住萩市東田町西区144 時11～18時 休月曜 交バス停御成道・たまち駐車場入口から徒歩2分 Pなし MAP P53D3

東萩駅周辺
きのおもちゃ もく
8 木のおもちゃ 杢・MOKU
木工商品はすべて、ひとつひとつ丁寧に手作業で作られるから使い手も安心。
☎0838-26-2829 住萩市熊谷町53 時10～17時 休水曜 交バス停野山獄跡入口から徒歩4分 P10台 MAP P53D2

📖 「萩ガラス工房」では所要20分の宙吹きガラス体験1人4000円（要予約）などの体験も開催中。旅の思い出づくりに参加してみては？

温かみのある風合いが 萩焼ってどんな焼物？

萩市で作られている萩焼は、約400年の歴史がある伝統工芸品。
知られざる誕生の話や特徴をお勉強しましょう。

萩焼の窯を開いた
お殿様

もうりてるもと
毛利輝元
戦国時代の中国地方の覇者・毛利元就の孫。関ヶ原の戦いの後、居城を広島から萩に移した。長州藩の藩祖と称される。

萩焼を広めた
立役者

よしかたいび
吉賀大眉
当時、趣味としての工芸品だった萩焼を伝統の技術として広めた昭和の陶芸家。氏の作品は「大眉芸術」として高く評価された。

▲全国的にも有名な萩焼。市内には多数の窯元がある

{ **400年余りの歴史の中で
より洗練され続けた名器** }

古くから、「一楽二萩三唐津」とうたわれた茶人好みの器、萩焼。その起源は今から400年以上前の慶長9年（1604）、長州藩祖の毛利輝元の命によって、朝鮮人陶工・李勺光とその弟の李敬が城下で御用窯を開いたのが始まりとされている。明治期以降、一時衰退するも地元出身の陶芸

家・吉賀大眉らによって再興された。現在は市内に100以上の窯元が伝統技術を継承。やわらかく吸水性の高い陶土を使い、仕上がりに「貫入」とよばれるひび割れが現れる。使い込めばこの貫入に水分が浸透し、「七化け」という独特の味わいが出るのが特徴でもある。

萩焼の主な色・模様

白萩
ワラの灰を用いた釉薬を使うことで表面が味わい深い白色になる。

姫萩
木灰釉薬をかけて焼成すると独特なピンク系の色合いになる。

ごほんて
御本手
焼成の際に窯内の変化によって表現される風合い。

ビワ肌
温かみがあるビワ色が特徴。伝統的な茶陶の色合いとして知られる。

🌸 萩焼を実際に作ってみよう 🌸

東萩駅周辺
はぎやきかいかん

萩焼会館

手びねりや絵付けなどの萩焼制作体験ができる。窯元直営の萩焼ショップも併設。

〈体験DATA〉**期間** 通年 **¥**手びねり体験2200円、絵付け体験1320円～（各送料別）**予約**当日可（予約が望ましい）☎0838-25-9545 **住**萩市椿東新川東区3155 **⏰**8～17時（体験受付は～15時30分）**休**無休 **交**バス停萩焼会館前からすぐ **P**30台 **MAP**P53F1

藍場川周辺
げんしゅうがま
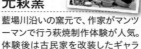
元萩窯

藍場川沿いの窯元で、作家がマンツーマンで行う萩焼制作体験が人気。体験後は古民家を改装したギャラリーでショッピングを楽しもう。

〈体験DATA〉**期間** 通年 **¥**電動ろくろ体験3000円～（送料別）**予約**予約が望ましい ☎0838-25-0842 **住**萩市川島14 **⏰**9時～17時30分（季節により変動あり）**休**不定休 **交**バス停藍場川入口から徒歩10分 **P**2台 **MAP**P31右下・P51B4

東萩駅周辺
よしかたいびきねんかん
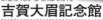
吉賀大眉記念館

陶芸作家・吉賀大眉の作品などを展示する萩焼の総合美術館。平易な指導の陶芸体験プログラムも人気。

〈体験DATA〉**期間** 通年（金・土・日曜のみ、月～木曜は祝日の場合のみ開催）**¥**電動ろくろ体験3850円～、手びねり体験2800円、絵付け体験1400円～（各送料別）**予約**3日前までに要予約 ☎0838-26-5180 **住**萩市椿東10426-1 **⏰**9～17時 **休**水曜 **交**バス停吉賀大眉記念館前からすぐ **P**20台 **MAP**P51B2

萩のおすすめスポット

🏯 東光寺
とうこうじ

長州藩主・毛利家の菩提寺

長州藩第3代藩主の毛利吉就が、萩出身の高僧を開山に迎え、元禄4年（1691）に開基した黄檗宗の寺院。境内には唐様式の大雄宝殿（本堂）をはじめ、貴重な文化財が多くみどころ満載。なかでも、3代から11代までの奇数代の藩主が眠る国指定史跡の毛利家墓所は必見。**DATA**☎0838-26-1052 住萩市椿東1647 ￥拝観300円 ⏰8時30分～17時 休無休 🚌バス停東光寺前からすぐ P20台 **MAP**P51C3

本堂裏手の墓所。約500基の石灯籠が並ぶ

重厚な国指定重要文化財の総門を抜け境内へ

🏯 大照院
だいしょういん

偶数代の藩主が眠る名刹

臨済宗南禅寺派の寺院で毛利家の菩提寺。長州藩の初代藩主を弔うために建てられ、初代のほか、12代までの偶数代の藩主夫妻が眠る。国指定重要文化財の鐘楼門や、石灯籠約600基が立ち並ぶ国指定史跡の墓所などがみどころ。**DATA**☎0838-22-2124 住萩市青海4132 ￥拝観200円 ⏰8～17時（11～3月は～16時30分）休無休 🚌バス停大照院入口から徒歩3分 P18台 **MAP**P51A4

📷 山口県立萩美術館・浦上記念館
やまぐちけんりつはぎびじゅつかん・うらがみきねんかん

歴史の街・萩に溶け込む美術館

浮世絵や東洋陶磁、陶芸・工芸を専門とする美術館。本館と陶磁館の間には川が流れ、館内からは庭園や自然の景観も堪能できる。**DATA**☎0838-24-2400 住萩市平安古町586-1 ￥入場300円（特別展は別途）⏰9～17時（入場は～16時30分）休月曜（祝日の場合は開館）🚌バス停萩美術館 浦上記念館・萩城城下町入口からすぐ P50台 **MAP**P52C4

📷 萩城跡・指月公園
はぎじょうあと・しづきこうえん

毛利家の居城跡をさんぽしよう

関ヶ原の戦いの後、毛利輝元が、慶長9年（1604）に築城した居城跡。現在は石垣と堀の一部が残り、指月公園として親しまれている。桜の名所としても人気だ。**DATA**☎0838-25-1826 住萩市堀内1-1 ￥入園210円 ⏰8時～18時30分（11～2月は8時30分～16時30分、3月は8時30分～18時）休無休 🚌バス停萩城跡・指月公園入口 北門屋敷入口から徒歩6分 P51台 **MAP**P52B2

📷 笠山椿群生林
かさやまつばきぐんせいりん

地面を赤く彩る「落ち椿」も美しい

約10haの地に約2万5000本余りのヤブツバキが自生する椿群生林。遊歩道が整備され、展望台からは群生林とその向こうに日本海を一望できる。2月中旬～3月下旬の見頃に合わせて「萩・椿まつり」が開催される。**DATA**☎0838-25-1750（萩市観光協会）住萩市椿東越ヶ浜 ￥⏰休散策自由 🚌JR東萩駅から車で20分 P60台（椿まつりの期間中は臨時駐車場あり。土・日曜、祝日は一部有料）**MAP**P51B1

🍴 レストラン来萩
れすとらんきはぎ

旬の地魚をお値打ち価格で提供

道の駅 萩しーまーと（右記）内にある食事処。とれたての魚介を格安で味わえると、地元の人だけでなく、多くの観光客で賑わっている。7～8種もの鮮魚をのせた海鮮丼の来萩スペシャル1540円などが楽しめる。**DATA**☎0838-24-4939 住萩市椿東4160-61 ⏰11～15時（土・日曜、祝日は～17時）休1月1日 🚌バス停萩しーまーとからすぐ P道の駅萩しーまーと88台 **MAP**P51B2

🚉 道の駅 萩しーまーと
みちのえき はぎしーまーと

萩の味覚が集まる産地直送の拠点

萩漁港に隣接し、新鮮な萩の地魚や地元農水産物が豊富に揃う。活魚を地元価格で購入できる鮮魚店やレストランもある。情報ターミナルで、萩の観光情報を収集することもできる。**DATA**☎0838-24-4937 住萩市椿東4160-61 ⏰9時30分～18時（金・土・日曜、祝日9時～）休1月1日 🚌バス停萩しーまーとから P88台 **MAP**P51B1

🛍 山口萩ビール
やまぐちはぎびーる

こだわりの地ビールをおみやげに

チョンマゲ姿の侍をあしらったパッケージがユニークなチョンマゲビール330㎖330～418円で知られる地ビールを販売。熱処理せず、ろ過を控えることで素材が持つ本来のうま味を残しており、フルーティな風味とさわやかな後味が評判だ。**DATA**☎0838-25-5612 住萩市土原608-1 ⏰8～17時 休土・日曜、祝日 🚌JR東萩駅から徒歩9分 P5台 **MAP**P53E2

萩 ●【ふむふむコラム】萩焼ってどんな焼物？／ココにも行きたい 萩のおすすめスポット

和モダンなしつらいが素敵、とっておきの萩温泉郷の宿

はぎ温泉や萩本陣温泉など、8つの源泉が湧出する萩温泉郷。
乙女ゴコロをくすぐるポイントもチェックして、快適な萩ステイを楽しみましょう。

わのおーべるじゅ はぎはっけい がんじまべっそう

和のオーベルジュ 萩八景 雁嶋別荘

すべての部屋に露天風呂が備え付けられ、湯船やテラスから刻一刻と表情を変える雄大な松本川の景色を一望。対岸には城下町の風情ある街並みが広がる。山海の幸を盛り込んだ夕食、モダンなロビーラウンジなど、大人の休日を過ごすのにふさわしい宿だ。

☎0838-26-2882 住萩市椿東雁島3092
交JR東萩駅から徒歩10分 送迎なし P10台 室16室 2003年8月開業 泉質:はぎ温泉／カルシウム・ナトリウム-塩化物冷鉱泉 露天あり MAP P53E1

CHECK
÷1泊2食付料金÷
平日2万4350円～
休前日2万6550円～
÷時間÷
IN15時30分、OUT10時

河畔にたたずむ大人のお籠り宿

乙女ポイント

モダンなロビー
アンティーク照明のやわらかな明かりが心地よく包み込む。

1 落日に身を染める夕暮れどきの入浴もおすすめ 2 客室は天然木など自然素材を使った憩いの空間 3 ノスタルジックなロビーが印象的

お泊まりシミュレーション

16:00	16:30	18:00	19:00	21:00
チェックイン！ 静かな港町を抜け、本日のお宿へ。	**まずはお部屋へ** 萩のお城山を望む客室でゆったり。	**静かな露天風呂** 大浴場の外にある温泉露天風呂で湯浴みを。	**豪勢な夕食に舌鼓** 山口の山海の旬を味わう会席を堪能。	**ラウンジでリラックス** 湯上がりラウンジで萩の風を感じる。

部屋食 禁煙ルームあり 大浴場あり インターネット可

萩城跡周辺
よいまちのやど はぎいちりん
宵待ちの宿 萩一輪

「日本の夕陽百選」に選ばれた菊ヶ浜沿いに立つ。岩、檜、陶器などバラエティに富んだ11の湯船を有する大浴場や、貸切風呂、露天風呂付き客室で湯めぐりを満喫。2階には、さまざまな癒やし部屋やレディースルームがあり女性に人気。

☎0838-25-7771 住萩市堀内菊ヶ浜482-2 交バス停菊ヶ浜入口からすぐ 日送迎あり P40台 客30室 日2005年4月改装 ●泉質:はぎ温泉/カルシウム・ナトリウム・塩化物冷鉱泉 ●露天あり 貸切あり MAPP52C2

リラクゼーション施設が充実

1 露天岩風呂「海風」で海風と波音を聞きながらゆっくりと 2 海側に面した露天風呂付き客室「ふくじゅそう」3 菊ヶ浜を一望できる足湯で癒やされる

Z女ポイント

岩盤浴
疲労回復・冷え性・肩こり等に効果のある岩盤浴で心も体もリラックス(女性宿泊客無料、要予約)。

CHECK
÷1泊2食付料金
平日1万3350円～
休前日1万8850円～
÷時間
🕐IN15時、OUT10時

CHECK
÷1泊2食付料金
平日2万2150円～
休前日2万4350円～
÷時間
🕐IN15時30分、OUT10時

Z女ポイント

欧風庭園をさんぽ
四季の花々が咲く欧風庭園は、夜間にライトアップされる。

風雅な温泉宿で庭園を愛でる

1 武家屋敷の景観に溶け込む門構えが印象的 2 城下町情緒に浸れるはぎ温泉庭園露天風呂 3 客室には落ち着いた和風、和モダンなどがある

萩城跡周辺
はぎじょうさんのまる ほくもんやしき
萩城三の丸 北門屋敷

世界遺産「萩城下町」にたたずむ唯一の宿。武家屋敷を彷彿させる門をくぐれば、欧風庭園やモダンなダイニング&サロンなど、和洋が調和した優雅な空間が広がる。天然温泉がなみなみと注がれた2つの大浴場は朝夕で男女入れ替え。

☎0838-22-7521 住萩市堀内210-12 交バス停萩城跡・指月公園入口 北門屋敷入口から徒歩5分 日送迎なし P30台 客40室 ●1989年10月改装 ●泉質:はぎ温泉/カルシウム・ナトリウム・塩化物冷鉱泉 ●露天あり MAPP52B3

松陰神社周辺
げんせんのやど はぎほんじん
源泉の宿 萩本陣

敷地内の地下2000mから湧出する良泉を、多彩な浴槽を備える大浴場「湯の丸」や、貸切風呂(有料)で堪能。湯上がりには、日本海でとれた魚介を中心に彩り豊かに調理した会席料理を味わおう。

☎0838-22-5252 住萩市椿東385-8 交バス停萩本陣温泉入口からすぐ 日送迎あり(要問合せ) P100台 客91室 日1994年7月改装 ●泉質:萩本陣温泉/カルシウム・ナトリウム・塩化物泉 ●露天あり 貸切あり MAPP51C3

和風情緒の客室にステイ

1 4～6階の一般客室の一例 2 美しい庭園と萩城跡をイメージした石垣を眺められる「椿の湯」3 彩りも美しい夕食(写真はイメージ)

Z女ポイント

城下町を望む足湯
高台にある展望足湯880円から夜景を眺めよう。※悪天候時は要問合せ

CHECK
÷1泊2食付料金
平日1万9800円～
休前日2万5300円～
÷時間
🕐IN15時30分、OUT10時

📖「宵待ちの宿 萩一輪」「源泉の宿 萩本陣」は、東萩駅観光案内所(☞P19)で行っている手荷物預かりサービスの対象宿です。

萩観光の拠点にしたい
便利で快適な旅館&ホテル

旅を快適に過ごすためにも、エリアの広い萩での宿選びは重要なポイント。
温泉のある旅館や駅近のホテルなど、数ある宿からプランに合った宿を選びましょう。

東萩駅周辺
はぎのやど ともえ
萩の宿 常茂恵

萩を代表する純和風旅館

大正14年(1925)創業の名宿。約2700坪の広大な敷地には、風雅な日本庭園があり、庭園を囲むようにして離れ風の客室が配されている。黒御影石を敷いた大浴場や日本料理など、随所で老舗ならではの和の風情が感じられる。**DATA** ☎0838-22-0150 🏠萩市土原弘法寺608-53 ¥平日2万4000円〜 休前日2万6000円〜 🕐IN15時 OUT10時 🚗JR東萩駅から徒歩8分 🚌送迎あり Ⓟ25台 🛏25室 ●1925年11月開業 **MAP** P53E2

東萩駅周辺
ぷちほてる くらんべーる
プチホテル クランベール

焼きたてパン食べ放題サービスが魅力

東萩駅にほど近く、松本川に架かる橋のたもとに立つ。全室18室と文字通り小ぢんまりとした宿で、朝食の焼きたてパンの食べ放題が好評だ。全館禁煙で洋室ながら靴を脱いで上がるスタイルという清潔感も魅力の一つ。**DATA** ☎0838-25-8711 🏠萩市土原370-9 ¥シングル6500円〜 ツイン6000円〜 🕐IN15時 OUT10時 🚗JR東萩駅から徒歩4分 🚌送迎なし Ⓟ20台 🛏18室 ●1989年3月開業 **MAP** P53E2

萩城跡周辺
はぎやきのやど せんしゅんらく
萩焼の宿 千春楽

萩焼を愛でながら極上のステイを

館内の各所に萩焼の巨匠・金子信彦氏の作品が飾られた焼物の街ならではの温泉宿。客室のほとんどが海側で、窓からは白砂青松の菊ヶ浜が一望できる。お気軽プランをはじめ、宿泊プランが豊富なのもポイント。**DATA** ☎0838-22-0326 🏠萩市堀内菊ヶ浜467-2 ¥平日1万3200円〜 休前日1万5400円〜 🕐IN15時30分 OUT10時 🚗バス停千春楽前からすぐ 🚌送迎あり Ⓟ70台 🛏100室 ●1988年改装 ●露天あり 貸切あり **MAP** P52B2

東萩駅周辺
はぎろいやるいんてりじぇんとほてる
萩ロイヤルインテリジェントホテル

東萩駅からすぐのビジネスホテル

JR東萩駅を出てすぐのアクセスの至便さがウリ。シングルルームのベッドはセミダブルベッドとゆったりで、見晴らしのいい露天風呂や大浴場もある。**DATA** ☎0838-21-4589 🏠萩市椿東3000-5 ¥シングル4050円〜 ツイン5250円〜 🕐IN16時 OUT10時 🚗JR東萩駅からすぐ 🚌送迎あり Ⓟ80台 🛏116室 ●2008年4月開業 ●露天あり 貸切あり **MAP** P53F2

萩バスセンター周辺
はぎのみくりや たかだい
萩の御厨 高大

文化の薫り漂う老舗の料理旅館

明治11年(1878)創業の老舗旅館。萩の味にこだわった料理は、和洋からセレクトできる。館内には、画家・高島北海や松林桂月などの絵画、26代首相・田中義一の書などが残されており、宿主が案内してくれる。はぎ温泉の湯を引いた風呂は、畳敷きなど3種類。**DATA** ☎0838-22-0065 🏠萩市唐樋町80 ¥1泊2食付1万円〜 🕐IN16時 OUT10時 🚗バス停萩バスセンターからすぐ 🚌送迎なし Ⓟ25台 🛏18室 **MAP** P53D3

越ヶ浜
ゆうけいのやど うみのゆりかご はぎこまち
夕景の宿 海のゆりかご 萩小町

（平日のみ）

国定公園を見晴らす眺望が抜群

さわやかな潮の香りと波の音が癒やしを与えてくれる湯宿。海に面した天然大岩風呂や、眺望露天風呂などで入浴が楽しめる。卓球やキッズルームなども設置。**DATA** ☎0838-25-0121 🏠萩市椿東越ヶ浜6509 ¥平日1万3350円〜 休前日1万6650円〜 🕐IN15時 OUT10時 🚗バス停萩バスセンターから防長バス越ヶ浜行きで17分、越ヶ浜入口下車、徒歩3分 🚌送迎あり Ⓟ60台 🛏48室 ●2006年7月改装 ●露天あり 貸切あり **MAP** P51B1

羽島 A 大島へ B 益田市街へ C

虎ヶ崎

城山▲

益田駅へ↑

笠山椿群生林 P.47

P.45 萩ガラス工房

日 本 海

P.44 柚子屋本店

▲112 笠山
294
明神池

鴻ヶ岳
395▲

津和野へ↓

嫁泣港
越ヶ浜
萩越ケ浜局
越ケ浜入口

萩観光

見島・相島へ↑

萩海運

夕景の宿 海のゆりかご 萩小町 P.50

狐島

越ケ浜駅

萩港

萩市

191

永照寺 卍

至誠館大

P.66 恵美須ヶ鼻ヶ造船所跡

萩反射炉 P.66

P.37・47 道の駅 萩しーまーと

萩しーまーと

P.47 レストラン来萩

吉賀大眉記念館 P.46

萩焼窯元 泉流山 P.42

11

P52-53

指月山
145▲

萩新川局

源泉の宿 萩本陣 P.49

志都岐山神社

指月公園

299

真覚寺 卍

広厳寺 卍

明光寺 卍

萩城跡

熊谷美術館

萩橋

東萩駅

小萩寺 卍

東光寺 P.47

萩史料館

萩博物館

海潮寺 卍

松陰神社 P.22・24

常念寺 卍

山陰本線

常盤大橋
観音院

295

萩力トリック教会

三見・長門市駅へ↑

春日神社 合同庁舎

山口地方裁判所

萩みかんのたけなか P.44

松本川

中央公園

通心寺 卍

陶芸の村公園

山口県立萩美術館・浦上記念館

萩市役所

松本大橋

陶房大桂庵樋口窯 P.43

安養寺 卍 平安寺

萩署 X

伊藤博文旧宅・別邸 P.25

玉江駅 玉江橋

萩平安局 普照寺

永林寺 卍

山県有朋誕生地 P.125

玉江神社

楽々園前

萩バイパス

平安古鍵曲 P.27

かんきつ公園

373
田床山

P.41 野坂江月窯

萩・夏みかんまつり P.125

橋本橋

蓮正寺 卍

善福寺 卍

藍場川 P.30

道祖神社

光山寺 卍

P.43 萩焼まつり

64

191

萩市民体育館

元萩窯 P.31・46

P.124 金谷神社（金谷天満宮）

長蔵寺 卍

P31

67

P.47 大照院

萩駅・観光協会前

龍蔵寺 卍

P.20 萩市観光協会

262

P.42 ギャラリー萩陶

萩駅

青海トンネル

三隅IC

191

ナフコ

萩広域図

0 750m N

広域MAP
折込裏D4 徒歩約10分

32

大屋窯 P.40

萩ウェルネスパーク
萩スタジアム

美祢市へ↓

山口へ↓

南明寺 卍

国道9号へ↓

川上へ↓

N

A B C

1

堀内

指月山
▲145

日 本 海

P.35 やまざき屋

女台場入口

🕊 志都岐山神社

今魚店町

P.26 花江茶亭
P.47 萩城跡・指月公園

菊女浜
海水浴場

🅿 宵待ちの宿 萩一輪
P.49

2

萩焼資料館

本丸橋

萩焼の宿
千春楽 P.50

山口県立
萩看護学校

P.33 Kimono Style

指
月
小
橋

千春楽前

萩看護学校前

樽屋町

Café

萩史料館

🕊 萩八景遊覧船乗り場 P.20

295

菊ヶ浜入口

P.23・33 晦事

P.20 千春楽城山

🅿 萩城跡・指月公園入口
北門屋敷入口

北片河町

▲西の浜墓地

指
月
橋

萩城跡入口

P.41 波多野指月窯

P.29 旧久保田家住宅

P.32 御茶処 惺々庵

春若町

深
野
橋

P.49 萩城三の丸
北門屋敷

P.22 萩博物館

P.34 Café指月茶寮

古
魚
店
町

P.23・43 彩陶庵

P.39 みどりや本店

萩博物館前

P.23・28 菊屋家住宅

青木周弼
旧宅

P.38 ミドリヤファーム
網焼きレストラン見蘭

ミドリヤファーム入口

萩西中

萩高

堀内

P.26 問屋横町

P.25 高杉晋作誕生地

3

常盤大橋

橋
本
川

🕊 阿武神社 🕊 春日神社

🕊 口羽家住宅

P.37 日本料理 あじろ

P.25 木戸孝允旧宅

南古萩町二・

石井茶碗美術館

卍観音院

P.32 庭園カフェ 畔亭

萩美術館 浦上記念館・
萩城城下町入口

山口県漁協
玉江浦支店前

P.35 カフェテリア異人館

陽だまりガーデン

P.20 人力車 立場

県立萩美術館・
浦上記念館前

P.20 横山商店

長
門
市
駅
へ

平安寺卍

キヌヤ

P.34 patra cafe

クスリ岩崎
チェーン

萩環境
保健所

4

P.47 山口県立萩美術館・浦上記念館

P.44 果子乃季
萩美術館前店

折込表 萩おさんぽMAP

満行寺卍

萩商工高前

萩商工高

山田

萩平安古局

卍安養寺

平安古町

平安古

🕊 久坂玄瑞誕生地前

玉江駅

玉江駅前

保健センター
🏥 萩准看護学院

萩駅へ

長門へ

A B C

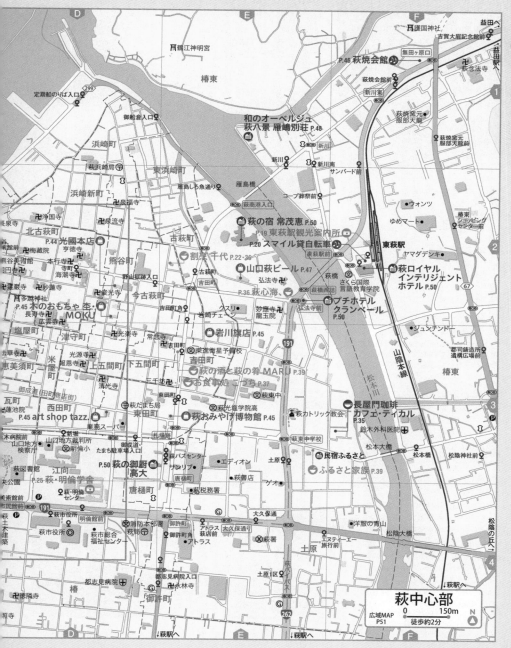

鎮江神明宮

椿東

護国神社
吉賀大眉記念館前
益田へ
萩念法寺
萩焼会館前

P.46 萩焼会館
無田ヶ原口

新川東

定期船のりば入口
299

御船倉入口

萩焼窯元
服部天龍

浜崎町

和のオーベルジュ
萩八景 雁嶋別荘 P.48

萩焼窯元
服部天龍前

萩浜崎局

東浜崎町

新川

新川南

サンバード前

浜崎新町

雁島しろ魚通り

雁島橋

コープ葬祭前

ウォンツ

泉福寺

萩商港入口

ゆめマート

椿東
ショッピング
センター前

浄国寺
北古萩町

萩の宿 常茂恵 P.50

東萩駅

P.44 光國本店

梅蔵院

亨徳寺
本行寺

古萩町

P.19 東萩駅観光案内所
P.20 スマイル貸自転車

東萩駅前

ヤマダデンキ

熊谷美術館前

海潮寺

割烹・千代 P.22・36

弘法寺

萩橋

萩ロイヤル
インテリジェント
ホテル P.50
67

円政寺
妙蓮寺

熊谷町

山口萩ビール P.47

弘法寺前

俊光寺

野山獄跡入口

吉田町

さくら国際
言語教育学院

萩商店

多越神社

今古萩町

P.36 萩心海

P.45 木のおもちゃ 杢・
MOKU

長寿寺

広雲寺

吉田町角

岩崎チェーン

クスリ

妙應寺
龍玉寺

弘法寺前

プチホテル
クランベール
P.50

ジュンテンドー

塩屋町

津守町

光楽寺

常念寺

吉田町

岩川旗店 P.45

191

山陰本線

郡司鋳造所
遺構広場前

椿東

玉華寺

光源寺
上五間町

飯恵寺

下五間町

吉田町

東進衛星予備校

松本川

恵美須町

米屋町

清光寺

三千坊

萩の酒と萩の肴 MARU P.39

妙蓮寺
龍玉寺

お食事処 こっち P.37

御成道（田町商店街）

蓮池院

西田町

萩たまち局

東田町

萩光塩学院

萩東中

長屋門珈琲
カフェ・ティカル

P.45 art shop tazz.

東田町

薬膳スーパー

萩おみやげ博物館 P.45

萩カトリック教会

鈴木外科医院前

松本大橋

瓦町

木内病院前

新築

山口地方裁判所

たまち駐車場入口

萩バスセンター

P.50 萩の御厨
高大

明倫小

サンリブ

エディオン

萩書店

民宿ふるさと

ふるさと家族 P.39

松本橋

松陰神社前

松陰大橋

山口地方
検察庁

萩・明倫
センター

唐樋札場

ゲオ

土原

萩図書館

江向

P.25 萩・明倫学舎

唐樋町

萩税務署

大久保通

萩署

松陰の丘へ

央公園

191

美術館前

萩市役所前

萩市役所

明倫前

消防本部署

萩局

御許町前

アトラス
萩店前

大久保通り

土原

洋服の青山

エヌティーエー
旅行前

市民館前

萩土木建築

萩市総合
福祉センター

アトラス

御許町

都志見病院入口

土原１区

椿

御許町

永林寺

262

萩駅へ

萩中心部

0　　　　150m
徒歩約2分

広域MAP
P51

N

壮大なカルスト台地・秋吉台を観光しましょう

ぐるっと
まわって
1日

萩の南西に広がる、白い石灰岩が広大な草原に露出したカルスト台地の秋吉台。
大自然の造形美を楽しむネイチャートリップもおすすめです。

➕ 秋吉台（あきよしだい）って こんなところ

壮大な景色が広がる大自然エリア

はるか太古はサンゴ礁だった秋吉台。日本最大級の規模を誇るカルスト台地で、地下には大規模鍾乳洞の秋芳洞が広がる。周辺には動物とふれあえるパークなどがある。

問合せ☎0837-62-0305（秋吉台観光交流センター）**アクセス**●JR東萩駅から防長バス秋芳洞行きでサファリランド前まで45分、秋吉台まで1時間4分、秋芳洞まで1時間10分
●JR新山口駅から防長バス秋芳洞行きで秋芳洞まで37分、東萩駅行き（1日2便）に乗り換え、秋吉台まで6分、サファリランド前まで25分
広域MAP折込裏C5

What's カルスト台地

石灰岩が長年の雨水によって浸食されてできた地形のこと。秋吉台の石灰岩には、海の生物の化石も見られる。

1秋吉台の大部分が国定公園に指定 **2**秋吉台カルスト展望台（**MAP**P55左下）から一望 **3**遊歩道（所要45分〜）が整備され、自由に散策可

徒歩6分 ┄┄┄┄┄┄

1 秋芳洞（あきよしどう）

神秘的な造形美が広がる鍾乳洞

秋吉台の地下約100mに広がる鍾乳洞で、天井高最大30m以上と国内最大級の規模を誇る。総延長10.3kmのうち、約1kmを公開。通常コースのほか、岩肌を登っていく冒険コース300円など巡り方もさまざま。

☎0837-62-0305（秋吉台観光交流センター）**住**美祢市秋芳町秋吉 **¥**入洞1200円 **⏰**8時30分〜16時30分 **無**無休 **交**バス停秋芳洞から徒歩7分 **P**市営駐車場555台（有料）**MAP**P55左下

1山肌に空いた入口。洞内は通年約17℃とひんやり **2**黄金柱は高さ15m、幅4mもの大石灰華柱 **3**皿状の岩が斜面に連なる百枚皿が最大のみどころ

カルストロードをドライブ
秋芳洞から大正洞までを結ぶ県道242号、通称「カルストロード」。全長約13kmの道はドライブにおすすめ。
☎0837-62-0115(美祢市観光協会)
MAP P55中央

[1]肉食動物を間近で見られる迫力満点のツアーを [2]珍しいホワイトライオンも展示されている

4 秋吉台サファリランド
あきよしだいさふぁりらんど

大迫力のエサやり体験をぜひ
約60種600点の野生動物に出会えるパーク。自家用車またはエサやりバス(乗車1100円、入園料別途)に乗ってライオンなどを見学しよう。
☎08396-2-1000 住美祢市美東町赤1212 ¥入園2600円 時9時30分～16時45分(10～3月は～16時15分) 休無休 交バス停サファリランド前からすぐ P800台
MAP P55右上

徒歩15分

5 Arbòreo
あるぼれお

大人の隠れ家でひと息
プティミールプレートや自家製ドリンク、季節のケーキが味わえる一軒家カフェ。ゆっくりとした時間が流れるシャビーな空間でくつろごう。☎090-1187-1735 住美祢市美東町赤1239-2 時12～17時LO 休月～木曜(祝日の場合は営業) 交バス停サファリランド前から徒歩15分 P5台 **MAP** P55右上

[1]イタリアの田舎家を思わせる非日常な空間 [2]プティミールプレート1300円はケークサレorバゲットグラタンとドリンクのセット

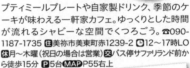

[1]カラフルなクリスタルキャッツアイ990円～ [2]とんぼ玉の濃淡がかわいい夜桜ピンクとんぼ玉ブレスレット990円～

☎0837-63-1408 住美祢市秋芳町灘ノ口3443-6 時9時30分～17時30分(季節により異なる) 休無休 交バス停秋芳洞から徒歩3分 P市営駐車場555台(有料)
MAP P55左下

3 凸凹堂 秋吉台
でこぼこどう あきよしだい

天然石アイテムがたくさん
秋芳洞へ続く商店街にあるストーンショップで、天然石やガラスアクセサリーなどが1万点以上揃う。深海ブルーとんぼ玉ストラップ660円～などの小物はみやげにぜひ。

[1][2]

2 台観望 合歓店
だいかんぼう ねむてん

カッパ伝説にちなむご当地麺
わさびを麺に練り込んだユニークなそばが名物の食事処。ほか、食べ歩きに最適な萩産夏みかん汁入りのソフトクリーム400円も好評。

徒歩2分

☎0837-62-1521 住美祢市秋芳町秋吉3385 時10時～16時30分LO 休不定休 交バス停秋芳洞から徒歩1分 P5台 **MAP** P55左下

[1]そばの上に秋吉台高原牛や手作り錦糸卵がのる、ぜんじかっぱそば1100円 [2]ウッディな空間

（地図内の表記）
N
1km
広域MAP折込裏D5
秋吉台リフレッシュパーク
景清洞 28
秋吉台オートキャンプ場
Arbòreo 5
秋吉台サファリランド 4
サファリランド前
三嶋神社
萩へ
宮の馬場
239
高山
大正洞 242
秋吉台エコ・ミュージアム
絵堂IC
烏帽子岳
真名ケ岳
333
秋吉台青少年自然の家
北山
美祢市
絵堂ICへ
カルストロード
241
秋吉台
秋吉台カルスト展望台 242
秋吉台科学博物館
若竹山
明楽山
長登銅山文化交流館
極寒山
Mine秋吉台ジオパークセンター
秋吉台
西山
32
秋芳洞黒谷口
家族旅行村キャンプ場
3 凸凹堂 秋吉台
御器伏
秋芳洞
2 台観望 合歓店
市役所支所
大田局
大田
経塚山
秋吉台観光交流センター
美祢ICへ
242
秋芳洞
十文字IC
十文字ICへ

"西の京"と称された
山口タウンをぶらりおさんぽ

散策所要
半日

室町時代の守護大名・大内氏による京都に模した街造りの面影が色濃く残る山口。
史跡や名建築を巡る道中、喫茶店や菓舗も訪れて、五感を使い地域の魅力を満喫して。

1 周囲の緑に調和して立つ五重塔 2 県庁前から市街地まで延びるパークロード 3 建物は2階建て。窓から見る旧県庁舎もいい 4 重厚感と気品にあふれた旧正庁会議室 5 大正5年（1916）完成の旧県庁舎 6 旧議場は細部の飾りに設計士のセンスが光る

やまぐち
山口って
こんなところ

大内文化が花開いた街

国際貿易で財を成し、大内氏により文化人の庇護が行われた。五重塔をはじめ多くの文化財が残る。プロムナードも整備され、散策に最適。

問合せ ☎083-933-0090（山口観光案内所） アクセス ●JR東萩駅からJRバスはぎ号で県庁前まで58分、山口駅まで1時間6分 ●JR山口駅から山口市コミュニティバス大内ルートで県庁東門まで12分、香山公園五重塔前まで13分 ●JR新山口駅から防長バススポーツの森行きで県庁前まで40分 広域MAP 折込裏D5

START!

1 るりこうじごじゅうのとう
瑠璃光寺五重塔

名建築に宿る
大内文化の真髄にふれる

おおうちよしひろ
大内義弘の菩提を弔うため、弟の
もりはる
盛見が嘉吉2年（1442）に建立した塔で、国宝にも指定。奈良の法隆寺、京都の醍醐寺と並ぶ日本三名塔の一つであり、檜皮葺きの屋根の優美な姿は、大内文化の最高傑作といわれている。

☎083-924-9139（資料館） 住 山口市香山町7-1 料時休 境内自由（瑠璃光寺資料館は入館200円、9～17時、無休） 交 バス停香山公園五重塔前からすぐ P 100台 MAP P57左上 ●写真：1

2 やまぐちけんせいしりょうかん
山口県政資料館

レトロなレンガ造りの洋館で
高雅な大正ロマンに浸る

山口県旧県庁舎と旧県会議事堂を保存し、県政の資料などを展示。レンガ造りの建物は、後期ルネサンス様式と和風が調和した大正建築の特徴がよく表れている。のちに国会議事堂を手がけた名建築士が設計した。国指定重要文化財。

☎083-933-2268 住 山口市滝町1-1 料入館無料 時 9時～16時30分 休月曜、祝日（5月5日、11月3日は開館） 交 バス停県庁前からすぐ P 50台 MAP P57左上 ●写真：3 4 5 6

大内氏って
どんな人？

室町・戦国時代の周防(すおう)、長門国を基本領地とした、"西国一"の守護大名。31代当主・大内義隆のとき、周防、長門、石見、豊前、筑前、安芸、備後の7国を治め歴代最大の領地となりました。

大内義隆像（大寧寺蔵）

瑠璃光寺
① 瑠璃光寺五重塔
香山公園五重塔前・雲谷庵跡
洞春寺　香山公園　光台寺　今八幡宮
山口県庁　県庁東門　上竪小路　徳地へ
藩庁門　八坂神社
② 山口県政資料館　山口市
県庁前　山口ふるさと伝承・総合センター　龍福寺
県立山口・博物館　パークロード　④ むくの木　津和野駅へ
亀山　法界寺
亀山公園
小郡へ　③ 山口サビエル記念聖堂　駆小路
山口市役所　西京橋　西覚寺
200m　早間田　杵築神社　性乾院　山口線
広域MAP　本多屋 懐古庵 ⑤
折込裏D5　長寿寺　湯田温泉駅へ
中央　山口IC へ　山口駅

7 現在の建物は平成10年(1998)に再建されたものを見学　8 パイプオルガンが配された聖堂　9 市内屈指の花見スポット、一の坂川沿いを歩こう　10 おとぎ話に出てきそうなかわいい店構え　11 地下水を使うコーヒーはケーキセットで800円　12 外郎は小豆と抹茶のほか、季節の味も　13 わらびをモチーフにしたデザインの暖簾が目印

3 山口サビエル記念聖堂
やまぐちさびえるきねんせいどう

サビエルの布教活動を紹介
白亜の聖堂で神秘体験を

天文18年(1549)に来日し、キリスト教を伝えた宣教師フランシスコ・サビエルの山口来訪400年を記念して建立された。1階では、サビエルとキリスト教の歴史を紹介。2階の聖堂は、ステンドグラスを通してやわらかな陽光が差し込む。

☎083-920-1549 住山口市亀山町4-1 ¥拝観200円 ◷9〜17時 休無休（行事などにより臨時休館あり）交JR山口駅から徒歩20分 Pなし MAP P57左中 ●写真: 7 8

4 むくの木
むくのき

アンティークに囲まれて
ノスタルジックなひととき

桜の名所として知られる一の坂川沿いにたたずむ喫茶店。レンガ造りの店に入れば、アンティーク雑貨に囲まれた憩いの空間が広がり、ランプシェードの照明がやさしく包み込む。各種ドリンクのほか、ハンバーグセット1400円やカレー700円などのフードメニューも豊富に揃う。

☎083-925-1741 住山口市後河原140 ◷9〜17時 休月・木曜 交JR山口駅から徒歩20分 P10台 MAP P57右中 ●写真: 10 11

GOAL!

5 本多屋 懐古庵
ほんだや かいこあん

老舗和菓子店が提供する
銘菓・山口外郎をおみやげに

大正6年(1917)創業の和菓子の名店。北海道産の小豆をはじめとした厳選素材を使い、まんじゅうやわらび餅、きんつば、どらやき、カステラなど四季に応じたさまざまな和菓子を販売する。全国菓子博覧会で最高賞にあたる名誉総裁賞を受賞した名物・外郎おいでませは必食。

☎083-925-1600 住山口市駅通り1-4-5 ◷9〜18時 休水曜 交JR山口駅からすぐ P8台 MAP P57右下 ●写真: 12 13

観光の際は、市内循環バスの「山口市コミュニティバス」乗車1回200円が便利です。

維新の志士や文人が愛した名湯・湯田温泉でほっこり

維新の志士や多くの文化人が訪れたことで知られる温泉地。
名泉を引いた各宿こだわりのお風呂に浸かって、旅の疲れを癒やしましょう。

湯田温泉って（ゆだおんせん）こんなところ

▶駅前に立つ白狐の像は街のシンボル

白狐ゆかりの名湯が湧出

約800年前、寺の和尚が白狐に導かれて発見したという伝説が残る温泉地。また、詩人・中原中也の生誕地でもあり、中也の記念館も立つ。駅から徒歩圏内に宿が集中しているので、アクセスも抜群だ。

問合せ ☎083-901-0150(湯田温泉観光案内所) アクセス ●萩駅前からバス特急スーパーはぎ号で1時間5分、新山口駅前下車、JR新山口駅からJR山口線で19分、湯田温泉駅下車 ●JR山口駅からJRバス湯田温泉方面行きで18分湯田温泉下車 泉質 アルカリ性単純温泉 広域MAP 折込裏D6

1 エリア内には合計6つの無料の足湯が点在 2 狐の足あと(☞P59)のカフェでは狐や中原中也のラテアートも(各450円)

大浴場「花柏の湯」

檜の香りに満ちた浴場で維新ゆかりの湯を満喫

1 天井から簀の子まですべてに檜を使用 2 本館の客室からは風雅な日本庭園を一望

CHECK
╋1泊2食付料金╋
平日2万4350円〜
休前日2万6550円〜
╋時間╋
🕐IN16時、OUT10時

まつだやほてる 松田屋ホテル

一部 日にち限定

340年余の時を刻む由緒正しき名宿

延宝3年(1675)創業の老舗宿。かつて志士が入ったという家族風呂「維新の湯」や、洗い場までもが岩造りの「岩の湯」など、和の風情を感じられる湯船が揃う。

☎083-922-0125 住山口市湯田温泉3-6-7 交JR湯田温泉駅から徒歩10分 送迎あり P25台 室31室 ●1998年3月改装 ●露天あり 貸切あり MAP P59右中

やまぐち・ゆだおんせんこきあん やまぐち・湯田温泉 古稀庵

極上の和モダンなお籠り宿

街なかにあることを忘れるほど心地よい静けさの中でゆったりくつろげる宿。すべての客室に露天風呂が付き、しかも源泉かけ流しという贅沢さ。スパ&トリートメントなどパブリックスペースも洗練され、上質のステイを満喫できる。

☎083-920-1810 住山口市湯田温泉2-7-1 交JR湯田温泉駅から徒歩10分 送迎あり(要予約) P14台 室16室 ●2011年7月開業 ●露天あり 貸切なし MAP P59左上

別荘のようなお籠り宿 洗練された極上の和モダン

大浴場(女湯)「みみずく」

1 季節の移ろいを感じられる趣深い庭園露天風呂 2 プライベートプールを備えた離れのある客室

CHECK
╋1泊2食付料金╋
平日3万6300円〜
休前日4万700円〜
╋時間╋
🕐IN14時、OUT11時

🈁源泉かけ流し 🍽部屋食 💆エステあり 🚭禁煙ルームあり ♨大浴場あり 🛏ひとり旅宿泊OK 💻インターネット可

中原中也ってどんな人？

明治40年（1907）、湯田温泉に生まれた日本を代表する近代詩人。30年の短い生涯の中で、「サーカス」「一つのメルヘン」などの名作を残したほか、フランスの詩人・ランボーの翻訳に努めたことでも知られています。

写真提供：中原中也記念館

露天風呂「千人湯」

湯屋情緒あふれる湯船で源泉100％の湯に浸かる

CHECK
✛1泊2食付料金✛
平日1万6650円～
休前日1万9950円～
✛時間✛
🕐IN15時、OUT10時

1 大浴場に併設。源泉かけ流しの湯がたっぷり 2 夕食、朝食はともに食事処またはレストランで

ゆだおんせんゆうべるほてるまつまさ
湯田温泉ユウベルホテル松政
大人数が入れる大きな湯船に注目

和と洋が見事に調和した大規模旅館。自慢は大浴場の「千人湯」で、広々とした内湯のほか、サウナや泡風呂を備える。夕食は和洋折衷の創作会席もある。

☎083-922-2000 🏠山口市湯田温泉3-5-8 🚉JR湯田温泉駅から徒歩12分 🚌送迎なし Ｐ50台 🏠89室 ●1956年10月開業 ●露天あり 貸切あり 🗺P59右中

温泉街の立ち寄りスポット

なかはらちゅうやきねんかん

📷 中原中也記念館

詩集『山羊の歌』などで知られる湯田温泉出身の詩人・中原中也の記念館。原稿などの展示を通じ、中也の詩と生涯をわかりやすく紹介。

☎083-932-6430 🏠山口市湯田温泉1-11-21 ¥入館330円 🕐9～17時（5～10月は～18時） 🈲月曜（祝日の場合は翌日）、最終火曜、展示替え期間中など 🚉JR湯田温泉駅から徒歩10分 Ｐ40台 🗺P59右中

年数回の展示替えで定期的に内容を更新している

きつねのあしあと

♨ 狐の足あと

カフェ併設のものなど3つの足湯が人気。ギャラリーや観光情報コーナーなどもある。

☎083-921-8818 🏠山口市湯田温泉2-1-3 ¥足湯は200円※中原中也記念館利用時は100円） 🕐8～22時 🈲無休 🚉JR湯田温泉駅から徒歩10分 Ｐ30台 🗺P59右中

湯田温泉のランドマーク的存在の観光拠点

大浴場「姫の湯」

湯量豊富な自家源泉で肌もつるつるに

CHECK
✛1泊2食付料金✛
平日1万6100円～
休前日1万8300円～
✛時間✛
🕐IN15時、OUT11時

1 泉質はとろとろの肌ざわりが特徴 2 清潔感がある客室は和風のしつらい

ゆのやど あじのやど うめのや
湯の宿 味の宿 梅乃屋
女将が料理食材をプロデュース

湯田温泉の源泉に、炭酸水素イオンを含む自家源泉を加えた湯は、美肌作りの湯として女性客に評判。素材重視の料理は口コミでも評価が高い。

☎083-922-0051 🏠山口市湯田温泉4-3-19 🚉JR湯田温泉駅から徒歩10分 🚌送迎なし Ｐ60台 🏠39室 ●1994年1月開業 ●露天あり 貸切なし 🗺P59左上

松田屋ホテル 🏨
サンフレッシュ山口
湯の宿 味の宿 梅乃屋 🏨
足湯
やまぐち湯田温泉古稀庵
湯田温泉ユウベルホテル松政
湯の町街道
湯田温泉 🏨
井上公園 足湯
中原中也記念館 🏨
湯田温泉観光案内所
足湯
狐の足あと ♨
龍泉寺 卍
200m 広域MAP 折込裏D6
矢原駅へ
秋葉神社 卍
山口線
湯田温泉 足湯
山口駅へ

📖 湯田温泉は豊富な湯量が特徴で、1日2000tもの天然温泉が湧出。アルカリ性が高く、肌がすべすべになる美肌効果があります。

童謡詩人・金子みすゞの故郷・仙崎＆青海島へ

散策所要
半日

童謡詩人・金子みすゞの故郷・仙崎は、青い海が広がる小さな港町。
さわやかな潮風を感じながら、みすゞが愛した風景の中を散策しましょう。

✚ 仙崎・青海島ってこんなところ
（せんざき・おおみじま）

海の幸が豊富なベイエリア

金子みすゞが生まれ育った仙崎は、古くから漁業で栄えてきた小さな港町。エリア内には、魚の加工品を販売するショップも多い。青海島は、奇岩怪岩が点在する景勝地として知られており、遊覧船から観賞できる。遊覧船乗り場には、道の駅や飲食店も立ち並ぶ。

問合せ ☎0837-26-0708（長門市観光案内所YUKUTE）アクセス●東萩駅からJR山陰本線長門市行きで長門市駅まで45分、山陰本線（仙崎線）仙崎行きに乗り換え、仙崎駅まで4分 ●JR長門市駅からサンデン交通バス青海島行きで仙崎駅前まで6分 広域MAP 折込裏C4

▲古い町並みが残るみすゞ通り
▶通りにはみすゞの詩画が飾られている

① 金子みすゞ記念館
（かねこみすずきねんかん）

記念館でみすゞワールドに浸る

みすゞが20歳まで過ごした実家である書店「金子文英堂」を再現した記念館。書店の2階には「みすゞの部屋」があり、本館展示室ではみすゞの生涯を資料とともに展示・解説。売店で販売しているグッズはおみやげにぜひ。

☎0837-26-5155 住長門市仙崎1308 ¥入館350円 ⏰9〜17時（入館は〜16時30分）休無休 交JR仙崎駅から徒歩5分 P10台 MAP P61左中

▲みすゞの詩をあしらった一筆箋・みすゞのうた 1冊400円

徒歩9分

② 遍照寺
（へんじょうじ）

▲立派な山門が目印に。境内には詩碑もある

みすゞが眠る金子家の菩提寺

みすゞ通りの北詰にある浄土真宗の寺院で、創建は15世紀と伝わる。境内にはみすゞが眠る金子家の墓があり、命日の3月10日に近い日曜にみすゞ忌の法要が営まれる。

☎0837-26-0483 住長門市仙崎今浦町1776-1 ¥⏰休境内自由 交JR仙崎駅から徒歩14分 P20台 MAP P61左上

▶墓地の一角にひっそりと立つみすゞの墓

❶作品や写真、年表が並ぶ常設展示室 ❷生活スペースを再現した「みすゞの部屋」 ❸館内の各所でみすゞの詩に出合える

金子みすゞってどんな人？

明治36年（1903）、仙崎生まれ。20歳のころから童謡詩を書き始め、雑誌に投稿していました。その作品にはやさしい文体でつづられる故郷の風景がたびたび登場します。

写真提供：金子みすゞ著作保存会

徒歩すぐ

▲素材の風味が生きた蒲鉾・浜千鳥など長門市のみやげも満載

◀青海島シーサイドスクエアの駐車場に隣接

4 おおみじまかんこうきせん
青海島観光汽船

絶景を巡る約80分の船旅

断崖絶壁や洞門など、自然がつくり出した数々の造形美を船上から観賞。案内テープに耳を傾けながら"海上のアルプス"とよばれる美しい景観を楽しもう。コースは当日の天候により変更の場合あり。

①わくわく・ドキドキの夫婦洞の体験 ②3月上旬の祈願祭・海上パレードの様子。1年の安全を祈願する神事を行ったり、万国旗や大漁旗を掲げて航行する

☎0837-26-0834（青海島観光汽船）⏹長門市仙崎4297-2 ¥1周コース1人2200円 ⏰8時40分〜16時、1日8便運航（季節により異なる、要問合せ） 休荒天時 交JR仙崎駅から徒歩7分 P150台 MAP P61右下

5 みちのえきせんざきっちん
道の駅センザキッチン

山海の幸が味わえる長門の観光拠点

「食べて遊んでくつろげる家」がテーマの道の駅。農水産物等直売所やベーカリーを備えたセンザキッチンなど、山海の幸が味わえる多彩な食事処が揃う。長門おもちゃ美術館や観光案内所もあり、長門市の魅力を発信する観光拠点として賑わっている。

☎0837-27-0300 ⏹長門市仙崎4297-1 ⏰9〜18時（一部店舗は異なる） 休第2木曜（8月、祝日の場合は営業） 交JR仙崎駅から徒歩7分 P202台 MAP P61右下

クルーズのみどころ

観音洞（洞内）
自然の神秘を間近で観賞

大門
高さ約40mの岩に空いた穴をくぐる！

島見門（洞内）
海上が穏やかな日は洞門を通過する

徒歩3分

徒歩16分

3 いきいかほんけ わしょくどころ きらく
活イカ本家
和食処 㐂楽

漁港の仲買人が営む海鮮料理店

仙崎の魚介に精通する主人が営む。名物はイカの活造りで、注文を受けてからさばくため鮮度は抜群。ほか、地場の魚介を使用した各種御膳は1980円〜。宿泊は1泊2食付1万500円〜。

☎0837-26-1235 ⏹長門市仙崎4137-3 ⏰11〜14時LO、17時〜20時30分LO（夜営業は前日までの予約制）※変動あり 休不定休 交JR仙崎駅から徒歩4分 P5台 MAP P61右下

▲活イカ造り2750円〜。ゲソは天ぷらなどに

▶漁業関係者も太鼓判を押す店

N
200m
広域MAP折込裏C4

青海島へ→
青海大橋
弁天島
遍照寺 2 卍
深川湾
極楽寺 卍
長門市
仙崎港
仙崎局
みすゞ壁画
① 金子みすゞ記念館
八阪神社
③ 活イカ本家 和食処 㐂楽
仙崎小
みすゞ通り
長門市駅
仙崎駅前
祇園町
仙崎
56
山陰本線
④ 青海島観光汽船乗り場
⑤ 道の駅センザキッチン

📖 八阪神社（MAP P61右下）をはじめ、みすゞが仙崎の中でも特に好んだという風景は8つあり、「仙崎八景」といわれます。

自然豊かな山峡のいで湯・長門湯本温泉でくつろぎステイ

緑深い山峡に流れる音信川沿いに、温泉宿や公衆浴場が立つ風情ある温泉地。
山あいの静けさの中、ゆるりと湯に浸かりリフレッシュしましょう。

長門湯本温泉って
（ながとゆもとおんせん）
こんなところ

湯の町情緒漂うレトロな温泉地
室町時代、寺の住職が住吉大明神の
お告げによって発見したと伝わる温
泉地。音信川と大寧寺川に沿って、旅
館やホテルが立ち並ぶ。また、歴史深
い公衆浴場（外湯）があるので、散策
がてら立ち寄ろう。

問合せ ☎0837-25-3611（湯本温泉旅館協同組合）
アクセス ●長門市駅からJR美祢線で8分、長門湯本駅下車
泉質 アルカリ性単純温泉
広域MAP 折込裏C4

温泉街の中心を音信川が流れる

庭園を望むエントランスホール

プライベートを大切にした
高級旅館

CHECK
＋1泊2食付料金＋
平日4万6500円～
休前日5万3100円～
＋時間＋
IN14時、OUT11時

大谷山荘 別邸音信
（おおたにさんそう べっていおとずれ）

湯治宿の伝統とアジアンリゾートの開放感
が融和した温泉リゾート。広い館内に客室
はわずか18室で、さらに全室露天風呂付
き。まさに大人のためのくつろぎ空間。

☎0837-25-3377 住長門市深川湯本2208
交JR長門湯本駅から車で5分 送迎あり P53台
客18室 ●2006年12月開業 ●露天あり 貸切なし
MAP P63右下

くつろぎポイント

The Bar OTOZURE
16時30分～18時30分にはフリードリンクを行っている。

🌙 お泊まりシミュレーション

16:00 送迎バスがお出迎え
長門湯本駅から送迎バスが運行（詳細は要確認）。

17:00 開放感満点の露天風呂
露天風呂で足を伸ばしてゆっくりリフレッシュ。

18:30 厳選素材を鉄板焼で
極上の素材を目の前で調理してくれる。

20:00 部屋でリラックスタイム
写真は和室とソファスペースを併用したBタイプ客室。

10:30 出発! その前に
チェックアウト前にライブラリーでひと息。

源泉かけ流し 部屋食 エステあり 禁煙ルームあり 大浴場あり ひとり宿泊OK インターネット可

長門市は
楊貴妃最期の地!?

世界三大美女の楊貴妃。日本で悲運の最期を遂げたという伝説がありますが、市内の「二尊院」には、その墓があります。お参りすると美人の子を授かると言い伝えられています。
☎0837-34-1065 MAP P64中

萩からひと足延ばして ● 山峡のいで湯・長門湯本温泉

地元の伝統文化が光る贅沢で雅な空間

アルカリ成分の強い美肌の湯。源泉かけ流しの内風呂も

かい ながと
界 長門

江戸時代に藩主が宿泊に利用した御茶屋屋敷をテーマにした優雅なデザイン。萩焼や萩ガラス、大内塗など地元の工芸品を使用した客室が旅の気分を盛り上げる。地域文化を知る催しも豊富。

CHECK
÷1泊2食付料金÷
平日3万2000円～
休前日3万8000円～
÷時間÷
🕐IN15時、OUT12時

くつろぎポイント

あけぼのカフェ
隣接のカフェでは、どらやきやドリンクを販売。宿泊者以外も利用可。

☎0570-073-011 🏠長門市深川湯本2229-1 🚃JR長門湯本駅から徒歩15分 🚐送迎なし Ⓟ40台 🛏40室
●2020年3月開業 ●露天あり 貸切なし MAP P63右中

世界三大美女の楊貴妃 長門湯本温泉の立ち寄りスポット

おとずれ堂
おとずれどう

萩焼やオリジナルグッズを揃える萩焼ギャラリー。「まちの番台」として観光拠点の役割も担っており、近隣やイベントの情報を対面案内している。
☎080-4026-3935 🏠長門市深川湯本2321-1 🕐10～19時 休火～木曜 🚃JR長門湯本駅から徒歩10分 Ⓟなし MAP P63右中

おとずれ川テラス
おとずれがわてらす

音信川沿いの複数箇所に設置された川床。川のせせらぎや豊かな緑を間近に感じられ、湯上がりや夕涼みにぴったり。
☎0837-26-0708(長門市観光案内所YUKUTE) 🏠長門市深川湯本 Ⓨ🕐休散策自由 🚃JR長門湯本駅から徒歩10分 Ⓟ95台 MAP P63右下

楊貴妃にちなむ深さ120cmの立ち湯が名物

大理石製の「貴妃湯」は立ったまま入る

ようきひろまんのやど
ぎょくせんかく
楊貴妃浪漫の宿 玉仙閣

楊貴妃伝説にちなんだしつらいなどが人気。なかでも「貴妃湯」と名付けた湯船は、楊貴妃が生前に湯浴みを楽しんでいたという湯船を再現したもの。食事処を併設し、ランチのみの利用も可。

CHECK
÷1泊2食付料金÷
平日1万5700円～
休前日1万7900円～
÷時間÷
🕐IN15時、OUT10時

くつろぎポイント

エステ
予約時に希望を伝えればエステ30分3300円～（要予約）を施術してもらえる。

☎0837-25-3731 🏠長門市深川湯本1234 🚃JR長門湯本駅から徒歩10分 🚐送迎あり Ⓟ25台 🛏26室 ●1991年1月開業 ●露天あり 貸切なし MAP P63左中

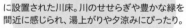

長門湯本駅

二尊院へ→

200m
広域MAP
折込裏C4

深川川
美祢線
湯本
湯本局
門前
小月IC
大寧寺川
34
316
楊貴妃浪漫の宿 玉仙閣
おとずれ川テラス
おとずれ川テラス
おとずれ川テラス
おとずれ・足湯
界 長門
長門湯本温泉
住吉神社
おとずれ堂
おとずれ川テラス
大谷山荘 別邸音信
316
於福駅へ→

手足を同時に浸けられる「おとずれ足湯」は肌ざわりがやわらかく、化粧水の成分に近い美人の湯。音信川沿いの遊歩道にあります。

63

📷 萩からひと足延ばして

日本海の絶景に感動します
1Dayシーサイドドライブ

長門市から下関市の角島まで延びる道は、海景色が見られる絶好のドライブロード。
青く澄んだ海に浮かぶ橋など、シーサイドならではの風景を楽しみに出かけましょう。

絶景ポイント ✦
一面に広がる海景色を眺めれば、気分もすっきり爽快。

START!

ながとしえき
長門市駅
隣駅の仙崎駅付近にレンタカー1社あり。事前予約で駅まで運んでくれる。

ひがしはぎえき
東萩駅
レンタカーは徒歩圏内に2社。乗り捨て可など各社で条件が異なる。

約15km 車で25分

約40km 車で1時間10分

「日本海を望む大広間」ともよばれる

1 せんじょうじき
千畳敷
眼前に広がる海と空の大パノラマ
標高333mの高台に広がる大草原。眼下には紺碧の日本海が広がり、さわやかな潮風が吹き抜ける。草原の一角には四季の花々が咲き乱れる。
☎0837-26-0708（長門市 観光案内所YUKUTE）住長門市日置中1138-1 ¥◯休散策自由 交JR長門市駅から車で25分 P200台 MAP P64右

---

2 もとのすみじんじゃ
元乃隅神社
海外でも話題のパワースポット
日本海に123基の朱色の鳥居が映える絶景スポット。「龍宮の潮吹」のそばから100m以上にわたって続く鳥居は昭和62年（1987）から10年間かけて奉納されたものだ。
☎0837-26-0708（長門市 観光案内所YUKUTE）住長門市油谷津黄498 ¥◯休参拝自由 交JR長門市駅から車で35分 P116台（有料）MAP P64右

絶景ポイント ✦
日本海の青と荒々しい断崖の緑に朱塗りの鳥居の連なりが映える。

約6km 車で12分

約28km 車で40分

昭和30年（1955）に白狐のお告げによって建立されたといわれる神社。参道高台の鳥居上部に賽銭箱があり、投げた賽銭が入れば願いが叶うとされることでも知られる

🚗 ドライブワンポイント
🛣 総距離約40.5km
（千畳敷発、角島灯台着）
🕐 走行時間1時間8分
千畳敷から元乃隅神社までは、急斜面やカーブが多いワインディングロード。その後は国道191号を西へ走ると、角島周辺に到着する。
広域MAP折込裏A4〜B4

日本海
N
5km
千畳敷 ①
龍宮の潮吹
元乃隅神社 ②
長門古市駅
長門市・萩へ
二尊院 P.63
油谷湾
後畑
田棚
④ グランビスタ角島
ホテル西長門リゾート入口
油谷島
角島灯台
長門粟野駅
人丸駅
ホテル西長門リゾート P.65
山陰本線
灯台公園前
角島
191
伊上駅
長門市
角島大橋 ③
下関へ
阿川駅
下関市
油谷湾温泉
ホテル楊貴館 P.65

絶景ポイント ✦
左右を海に挟まれ、車窓からはダイナミックな海景色を堪能できる。

①橋の中央部に非常駐車帯があるが降車はNG ②橋を渡った先には美しい砂浜が ③橋を抜けた先には礼拝堂もある

4 ぐらんびすたつのしま
グランビスタ角島

海辺の絶景を眺めながらランチを

人気映画のロケ地にもなった絶好のロケーションのテラス席で、カフェメニューやご当地フードを味わえる。浜焼きや海鮮丼、手作りピザ、シフォンケーキなどメニューが多彩。

☎083-786-1410 🏠下関市豊北町角島田ノ尻2899-1 🕙10〜18時LO（夏期は〜19時LO）🈡木曜 🚌バス停灯台公園前から徒歩12分 🅿25台 MAP P64左

約5km 車で7分

絶景ポイント ✦
一面に広がる真っ青な海を眺めながら食べる料理は格別の味！

①爽快な海風が心地よいテラス席 ②ボリュームたっぷりな瓦そばと海鮮丼セット2530円 ③さわやかな白塗りの外観

3 つのしまおおはし
角島大橋

コバルトブルーの世界を走る

透き通った海の上に延びる橋で、平成12年（2000）の開通以降、多くの観光客が訪れる角島観光のハイライト。全長1780mと通行無料の橋としては日本屈指の長さを誇る。橋の両端にある公園は、撮影ポイントに最適。

☎083-786-0234（豊北観光協会観光案内所）🏠下関市豊北町神田〜角島 🆓見学自由 🚉JR長門市駅から車で40分 🅿島内各所の駐車場利用 MAP P64左

5 つのしまとうだい
角島灯台

島の突端にそびえ立つ白亜の灯台

明治9年（1876）に完成した、御影石造りの洋式灯台。らせん階段で頂上に上がれば、目の前には日本海の景色が広がる。夜になると幻想的な灯台の明かりが周辺を包み込む。☎083-786-0108 🏠下関市豊北町角島2343-2 💴参観寄付金300円 🕙9〜17時（10〜2月9時〜16時30分）🈡荒天時 🚉JR長門市駅から車で45分 🅿周辺有料駐車場利用 MAP P64左

絶景ポイント ✦
灯台は今も現役で活躍中。海が朱色に染まる夕刻がベストタイムだ。

角島と灯台の歴史を紹介する記念館も併設

約600m 車ですぐ

🚩GOAL

しものせきえき
下関駅

駅周辺でレンタカーを返却。周辺の宿は☞P95をチェック。

約60km 車で1時間20分

オーシャンビューホテルで1泊2日も◎

ゆやわんおんせん ほてるようきかん
油谷湾温泉 ホテル楊貴館

リゾートホテルでまったり

元乃隅稲成神社に近く、眼下に油谷湾を望む好立地。とろとろのお湯で肌触りが柔らかく、肌がツルツルになる美人湯は日帰り可。☎0837-32-1234 🏠長門市油谷伊上10130 💴1泊2食付1万8850円〜 🕙IN15時 OUT12時 🚉JR長門市駅から車で25分 🅿150台 MAP P64右

展望露天風呂からの眺めは最高

ほてるにしながとりぞーと
ホテル西長門リゾート

景勝地を望むロケーションが抜群

海にせり出すように造られた露天風呂や、快適なオーシャンビュー設計の客室など、館内各所から壮麗な海景色を楽しめる。☎083-786-2111 🏠下関市豊北町神田2045 💴1泊2食付1万7050円〜 🕙IN15時 OUT10時 🚉JR長門市駅から車で40分 🅿100台 MAP P64左

全室から角島を眺めることができる

 「元乃隅神社」の近くにある「龍宮の潮吹」（MAP P64右）では海水を天高く吹き上げる噴潮現象が見られます。

世界遺産に登録された 萩の産業革命遺産ヒストリー

平成27年（2015）、萩の5資産を含む「明治日本の産業革命遺産」がユネスコの世界文化遺産に登録。歴史をたどりながら5つの遺産を整理しましょう。

年	主なできごと	萩の世界遺産関連
1604 (慶長9)	毛利氏が萩に萩城（指月城）を築城	萩城下町の形成始まる
1751 (宝暦元)		大板山たたら製鉄所第一次操業開始（～1764）
1812 (文化9)		大板山たたら製鉄所第二次操業開始（～1822）
1842 (天保13)	1840年からのアヘン戦争で中国（清）敗戦。国内で欧米列強への危機感高まる	玉木文之進が松下村塾を開く。吉田松陰が入門する
1853 (嘉永6)	ペリー来航し開国を要請。幕府は大船建造を解禁	
1854 (安政元)	ペリー再来航。幕府は米、英、露と和親条約を締結。吉田松陰、アメリカ船に密航を企てるも失敗し野山獄に収監	
1855 (安政2)	松陰、野山獄から釈放され実家の杉家に幽閉、謹慎の身となる	大板山たたら製鉄所第三次操業開始（～1867）
1856 (安政3)	松陰、幽囚室にて講義を始める	恵美須ヶ鼻に造船所を建設。長州藩初の洋式軍艦・丙辰丸が恵美須ヶ鼻から進水。萩反射炉の試験運転始まる
1857 (安政4)		松陰、松下村塾を主宰
1858 (安政5)	幕府、ハリスと日米修好通商条約調印。安政の大獄始まる。松陰、再び野山獄に収監	
1859 (安政6)	松陰、江戸に送られ、収監後処刑（10月27日）	
1860 (万延元)		恵美須ヶ鼻の造船所で長州藩2隻目の軍艦・庚申丸が竣工
1863 (文久3)	下関戦争。高杉晋作、奇兵隊を結成。長州藩は山口に本拠を移す	下関戦争で庚申丸、アメリカ軍艦の攻撃で撃沈される
1864 (元治元)	蛤御門の変（禁門の変）。第一次長州戦争。高杉晋作、下関に挙兵	
1866 (慶応2)	薩長同盟締結。第二次長州戦争	
1867 (慶応3)	将軍・徳川慶喜、大政奉還。王政復古の大号令	
1868 (明治元)	鳥羽・伏見の戦いで西軍勝利。江戸城無血開城	

萩の5つの資産

萩城下町（はぎじょうかまち）

城跡、旧上級武家地、旧町人町の3地区からなっている。

松下村塾（しょうかそんじゅく）

吉田松陰が主宰した私塾。のちに明治維新の中心となる多くの人材が育った（☞ P24）。

大板山たたら製鉄遺跡（おおいたやまたたらせいてついせき）

日本の伝統的な製鉄方法・たたら製鉄の遺跡。江戸時代に3回操業している。長州藩初の洋式軍艦・丙辰丸の船釘はここで製鉄されたものを使用。**MAP** 折込裏E3

恵美須ヶ鼻造船所跡（えびすがはなぞうせんじょあと）

長州藩が設けた造船所の遺跡。幕末に丙辰丸、庚申丸の2隻の西洋式帆船を建造した。**MAP** P51B2

萩反射炉（はぎはんしゃろ）

西洋式の鉄製大砲の鋳造を目指して建設。高さ10.5mの煙突部が残る。現存するのは静岡県伊豆市の韮山反射炉と鹿児島の旧集成館、萩の3カ所のみ。**MAP** P51B2

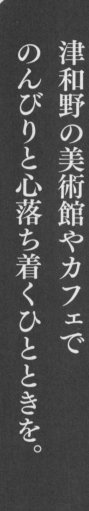

津和野の美術館やカフェで
のんびりと心落ち着くひとときを。

山口県との県境にある島根県の山あいの城下町・津和野。
掘割に鯉が泳ぎ、懐かしい風景が広がります。
ギャラリー巡りのひと休みにはレトロカフェへ。
丁寧な仕事ぶりがうかがえる雑貨選びも楽しみです。

これしよう！
個性豊かな美術館や
ギャラリー巡り
安野光雅美術館をはじめ、
個性さまざまなアートスポッ
トが点在（☞P72〜75）。

これしよう！
自分みやげに◎
手仕事雑貨選び
趣向が異なる雑貨店で、
自分だけのとっておきの逸
品を探そう（☞P78）。

これしよう！
情緒あふれる
小京都をおさんぽ
掘割沿いに延びる殿町通
りを中心に、史跡や美術
館巡りを（☞P70）。

使い勝手のよい陶
製アクセサリー

緑深い山々に囲まれた山陰の小京都

津和野
つわの

安野氏の絵
が目を引くポ
ストカード

こんなところ

山口県との県境に位置する、島根県の山あ
いの城下町。白壁土蔵の風趣に富んだ風景
が広がり、古くから「山陰の小京都」の名で
親しまれている。街にはアートスポットや
ノスタルジックな雰囲気のカフェが点在。
みやげには手作りの風合いに癒やされる雑
貨がおすすめだ。

access

萩・石見空港	新山口駅
乗合タクシー（KoiKoiタクシー）※前日21時までに要予約 50分	JR山口線・特急スーパーおき 1時間3分

↓ ↓

津和野駅

石見交通バス津和野町
内線 津和野温泉・堀庭
園方面　5分

🚏森

↓ 1分

🚏鴎外旧居

☎0856-72-1771（津和野町
観光協会）**広域MAP** 折込裏F3

68

～津和野 はやわかりＭＡＰ～

益田駅へ
益田へ
津和野駅
山口線
津和野川
9
拡大図右下
観光リフト
幸橋 森 13
杜塾美術館
津和野城跡
226 森鷗外記念館・
旧宅
脇外旧居前
常盤橋
津和野城山公園
山口駅へ・山口へ
永明寺
津和野町
SLやまぐち号
山口線

益田駅へ
綱橋
益田へ
13
・かまい商店
N
0 100m

津和野駅前
津和野駅
津和野町立
安野光雅美術館
桑原史成写真美術館
・みのや
津和野局
ピノロッソ
祇園町
峰月堂
津和野町 日本遺産センター
クンストホーフ津和野
高津屋伊藤博石堂
山田竹風軒本店
本町店
1 本町通り
海老舎
俵種苗店
古橋酒造
・分銅屋七右衛門
沙羅の木
別館 茶屋
和菓子処 三松堂
葉心庵
沙羅の木
祇園町
津和野カトリック教会
津和野町役場
津和野町庁舎
2 殿町通り
稲成下
藩校養老館

太皷谷稲成神社
美松食堂
山口駅へ
津和野大橋
郷土館前
長門峡・山口へ

津和野

駅に着いたら
まずは案内所へ
駅舎の中に津和野観光
協会の案内所がある。
☎0856-72-1771

畳敷きの
おしゃれな教会
珍しい畳敷きの堂内
の中央にある祭壇
は、長崎の大浦天主
堂と同じ様式。

観光のヒント

徒歩とレンタサイクルを使い分けて賢くまわろう

殿町通り、本町通り周辺は歩いてまわるのが正解。少し離れる森鷗外の旧宅などへは、駅前で自転車を借りて向かおう。

注目エリアはコチラです

1 本町通り
ほんまちどおり

グレーの石畳が続く通りで、みやげ物店やカフェは、この界隈に集中。さらに美術館やかわいらしいギャラリーもある。

2 殿町通り
とのまちどおり

なまこ壁が続くメインストリート。昔ながらの街並みの中に史跡が多く残り、観光客で賑わう。掘割には色鮮やかな鯉が泳ぐ。

観光に便利な乗り物

レンタサイクル

町内にはレンタサイクルショップが3カ所あるが、なかでも「かまい商店」は駅を出て左手正面のところにあるので便利。
☎0856-72-0342 ⏠津和野町後田イ49-6 ¥2時間500円、1日800円 ⏰8～18時 休不定休 ⏰JR津和野駅から徒歩1分 P3台 MAP P81C1

山陰の小京都・津和野を
のんびり散策しましょう

散策所要
半日

「山陰の小京都」とよばれる津和野は、山あいの小さな城下町。
徒歩移動と自転車を上手に使い分けて、歴史の息吹感じる昔町を巡りましょう。

START! **JR津和野駅**

徒歩すぐ 👣👣

津和野駅周辺
つわのちょうりつ
あんのみつまさびじゅつかん

🕐12:00

津和野町立
安野光雅美術館

空想と想像が広がるアート空間

平成24年度文化功労者に選ばれた、
世界的に活躍した地元出身の画家・
安野光雅氏の作品を収蔵・展示する
美術館。独特のタッチで描かれた作
品を見て回った後は、ショップで絵本
や、オリジナルグッズ選びを楽しんで。

DATA ☞P72

作品は3カ月に1度の展示替えで順次公開されている

徒歩4分

ランチセット1650円はサラダや
ドリンクなども付く

徒歩6分

殿町通り
とのまちどおり

🕐14:00

殿町通り

なまこ壁が続くメインストリート

掘割に街のシンボルである鯉が泳ぐ、
津和野観光の中心となる通り。石畳
となまこ壁が続く城下町風情ある通
りには、イチョウの並木が続き、カメ
ラ片手に歩く観光客で賑わう。

☎0856-72-1771（津
和野町観光協会）🏠津
和野町後田 ⏰🈺休散
策自由 🚉JR津和野駅
から徒歩10分 🅿なし
MAPP81B2

徒歩すぐ 👣👣

本町通り
ぴのろっそ

🕐13:00

ピノロッソ

城下町で気軽にイタリアン

カジュアルながら、料理はどれも本
格的。津和野産の食材を使った料
理目当てに、地元住民はもとより多
くの観光客が足を運ぶ。スペシャル
ランチ2090円も人気。

気軽に食事を楽しめる
カジュアルスタイル

DATA ☎0856-72-
2778 🏠津和野町後田
ロ284 ⏰11時30分〜
14時、17時30分〜21
時 🈺木曜、ほか不定休
あり 🚉JR津和野駅から
徒歩4分 🅿2台
MAPP81C1

①江戸時代の面影を残
す街並みが続く ②鯉の
エサ1袋100円は周辺の
店舗などで販売

自転車で7分

⊖ 15:45

町田
もりおうがいきねんかん・きゅうたく
森鷗外記念館・旧宅
文豪の知られざるルーツに迫る

津和野で生まれ育った文豪・森鷗外の生涯を遺品や直筆の原稿、ハイビジョン映像などで紹介する。また記念館の隣には、鷗外が10歳までの幼少期を過ごした旧宅が残る。

☎0856-72-3210 🏠津和野町町田イ238 ¥入館600円（旧宅入館料込み、旧宅のみは100円）🕘9〜17時（入館は〜16時45分）休月曜（祝日の場合は翌日）🚌バス停鷗外旧居前から徒歩3分 P30台 MAP P81B4

①企画展も年数回、開催される ②展示室では時系列に沿って遺品などを展示

津和野
●山陰の小京都・津和野を散策

殿町通り周辺
たいこだにいなりじんじゃ
太皷谷稲成神社
街を見守る朱塗りの古社

🕒 15:00

津和野の街並みを見晴らす高台に立つ壮麗な神社。商売繁盛、五穀豊穣、願望成就などに霊験あらたかとされ、日本五大稲荷の一つに数えられる。ほか、授与所にはさまざまなお守りがあるのでチェック。

☎0856-72-0219 🏠津和野町後田409 ¥休境内自由 🚉JR津和野駅から鳥居入口まで徒歩15分 P100台 MAP P81B3

①青空と背後の山に映える朱塗りの社殿が印象的 ②山腹には奉納された約1000本の鳥居が立ち並ぶ

参拝記念としても人気の新御朱印帖2200円

オートサイクル大庭で自転車をレンタル
🚲 自転車で10分

⊖ 14:30

自転車で12分

殿町通り
つわのかとりっくきょうかい
津和野カトリック教会
城下町に立つゴシック建築

乙女峠で殉教したキリシタンの地にキリストの教えを伝えるために、昭和6年（1931）、ドイツ人神父によって建てられた西洋ゴシック建築の教会。礼拝堂は全国的にも珍しい畳敷きで、光り輝くステンドグラスが美しい。

☎0856-72-0251 🏠津和野町後田ロ66-7 ¥拝観無料 🕘8〜17時 休無休 🚉JR津和野駅から徒歩11分 Pなし MAP P81C2

①城下町風情の通りで異彩を放つ建物 ②荘厳な雰囲気に満ちる礼拝堂内

干支の張子「酉」990円は素朴で温かみのある風合い

木製のスプーン1本1430円は漆塗りの光沢が◎

オートサイクル大庭に自転車を返却して徒歩7分

本町通り
えびや
海老舎
作家制作のアイテムが豊富

🕓 16:15

数百年続く商家を改装した店内には、全国の作家による手作りのアイテムがたくさん。食器やアクセサリーをはじめ、品揃えも多彩なので、あれこれ手に取ってお気に入りを探そう。

DATA ☞ P78

食器は季節によって入れ替えられる

GOAL! JR津和野駅

 2022年は森鷗外の没後100周年にあたる年で、講演会や企画展などさまざまな催し物が行われています。

メルヘンな世界にふれてみたい
安野光雅美術館を見学

見学所要 45分

地元出身の画家・安野光雅氏の美術館は、津和野駅を出てすぐのところにあります。
安野氏が生み出すメルヘンな世界に浸っていると、不思議と心が和みます。

▲漆喰の白壁に石見瓦の赤色が映える和風建築の建物

津和野駅周辺
つわのちょうりつ あんのみつまさびじゅつかん
津和野町立
安野光雅美術館

淡い色彩が独特な癒やしワールド

世界的に活躍した津和野出身の画家・安野光雅氏の作品を収蔵・展示する美術館。2つの展示室のほか、レトロな教室や図書室、さらにアトリエもある。館内をまわっていると、いつしか安野氏の空想世界に引き込まれていく。

☎0856-72-4155 🏠津和野町後田イ60-1 ¥入館800円 🕘9〜17時（入館は〜16時45分）休木曜 交JR津和野駅からすぐ P10台
MAP P81C1

懐かしい教室でまったり
昭和初期の小学校を再現した「昔の教室」を見学

メルヘンな世界をじっくり鑑賞
作品は年4回の展示替えで順次公開される

安野光雅って どんな人？

大正15年（1926）、津和野生まれ。昭和43年（1968）に絵本『ふしぎなえ』で絵本界にデビューしました。淡くやさしい色調で郷愁あふれる水彩画は見る者を魅了し、装丁やポスターなど、幅広い分野で活躍しました。

注目作品はこちらです
©空想工房

ほのぼのとしたタッチが生み出す
詩情にあふれる世界観
オンフルールの入り江
『風景と出会い』より
細く縦長の建物が立ち並ぶフランスの港町・オンフルールを描いた一枚。淡い色彩、やわらかなタッチでやさしい表情に。

郷愁を感じる
故郷の風景
青野山
『風韻憧憬』より
津和野のシンボルである青野山と麓に広がる集落。古き良き時代の風景を忠実かつ、独自の感性をもって表現している。

安野氏の少年心を垣間見る一枚
さかさま
上下を反転したユニークな作品。このほかにも、遊び心あふれるだまし絵は多数あり、絵本などで見られる。

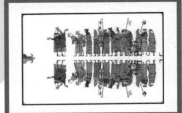

鑑賞後は
ミュージアムショップへ
館内のミュージアムショップには、安野光雅氏の絵本をはじめ、作品をモチーフにした商品がいろいろと揃えられているのでぜひ立ち寄りたい。

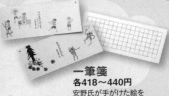

旅の絵本 1540円
安野氏が旅行中に出合った風景をまとめた一冊

一筆箋
各418〜440円
安野氏が手がけた絵をデザインした一筆箋

個性的なアート空間へ、
ギャラリー＆美術館巡り

見学所要
各30分程度

安野光雅美術館のほかにも、街には素敵なギャラリーや美術館がたくさん。
じっくり見るもよし、何軒かハシゴするもよし。思い思いのアート時間を楽しみましょう。

1 小物や大きな壺などが並ぶ 2 屋号はドイツ語で「芸術広場」の意味
3 ドイツ在住の画家であり息子のアキラ氏の絵画を展示 4 キュートなペ
ンダントも 5 表面のひび割れは厚子さんの作品の特徴

温かみのある
陶器がズラり

本町通り

くんすとほーふつわの
クンストホーフ津和野

地元出身の日展作家・中尾厚子
さんとご主人が、東京からUター
ンしたことをきっかけに始めたギ
ャラリー。古い民家を改装した空
間に、手作りの風合いが独特な
陶芸作品が見事に調和している。

小皿 1枚 800円〜
花模様が素敵な皿。桜柄や
ツワブキの葉形などがある

☎0856-72-0139 住
津和野町後田ロ250 ¥
入店・観覧無料 ⏰9〜18
時 休不定休 交JR津和
野駅から徒歩5分 Pなし
MAP P81C1

手づくりネックレス
各1000円
普段使いにピッタリな
陶製アクセサリー。上
はイラストが描かれた
ペンダント

はしおき(日光浴)
各800円
日光浴をする女性
の姿の箸置き。腰の
くびれが箸にフィットする

レトロな土間の空間がギャラリーに

築100年以上の老舗種苗店に、食器や小物の店が入る「俵種苗店」。本町通り沿いにあり、広い土間の店内ギャラリーでは、絵画やクラフトなど多彩な展示があります。
☎0856-72-0244 **MAP**P81C2

1 展示内容は年4回入れ替わる 2 津和野駅の前なので、すぐに見つけられる 3 韓国、ベトナム、ロシアなど海外での作品も多い桑原氏 4 水俣「船場岩蔵の手」 5 長年にわたり水俣病を取材した写真集『水俣事件』は、第33回土門拳賞を受賞

1 中尾彰氏の作品は詩情に満ちた作風が特徴 2 彰氏が手がけた大作『月夜の散歩』など 3 庄屋屋敷ならではの美しい日本庭園も必見 4 1階の座敷には瀬戸焼の器が並ぶ 5 日本家屋の趣はそのままに改装

報道写真から世界を考える

くわばらしせいしゃしんびじゅつかん
桑原史成写真美術館

津和野駅すぐのフォトギャラリー。津和野出身の報道写真家・桑原史成氏の作品を収集・展示。国内外のさまざまな出来事を、写真を通じて身近に紹介する場所として平成9年(1997)にオープン。

☎0856-72-3171 住津和野町後田イ71-2 ¥入館300円 時9～17時（入館は～16時45分）休木曜 交JR津和野駅からすぐ P安野光雅美術館（☞P72）駐車場利用10台 **MAP**P81B1

庄屋屋敷を利用したアートスポット

もりじゅくびじゅつかん
杜塾美術館

津和野藩の筆頭庄屋屋敷を活用した美術館。地元出身の洋画家・中尾彰・吉浦摩耶夫妻の作品を中心に展示している。匠の技が随所に光る日本の伝統的な建築、造形美にも注目を。

☎0856-72-3200 住津和野町森村イ542 ¥入館無料 時金～日曜と祝日のみ開館、9時30分～16時30分 休祝日以外の月～木曜 交JR津和野駅から徒歩15分 P5台 **MAP**P81B3

オリジナルポストカード
1枚 80円

📖 杜塾美術館には地元の画家以外にスペインの宮廷画家・ゴヤの「闘牛士」シリーズなども展示されています。

ランチにもひと休みにも最適 レトロな食事処＆喫茶

町内にはご飯もスイーツもおいしい歴史のあるレストランや、甘味処が点在しています。
おさんぽの休憩がてら立ち寄って、プチタイムトリップしてみませんか？

ココが素敵
明治建築の面影が残る院内と、レトロなインテリアが調和して静かな心安らぐ空間に

▲本や雑貨の販売も行っている

本町通り
かて ななじゅうにれしぴず ぷろじぇくと
糧 -72recipes project-
医食同源をテーマにした食事処

食を通じて「その土地らしい暮らし方」を学べる体験を提供する食事処。ランチやカフェのほか、野菜ソムリエによる料理教室や整体の施術体験などのイベントも開催。メニューは曜日によって変わるので要チェック。

☎0856-72-0339 🏠津和野町邑輝829-1
🕐ランチ11～13時30分LO、カフェ14時～17時（平日はランチのみ）、本屋・物販10時～17時 休月～水曜（1～2月は冬季休業）🚃JR津和野駅から車で12分 🅿15台 MAP折込裏F3

▲明治25年(1982)建築の旧畑迫病院の中にある

新鮮野菜がたっぷり
新鮮な地元野菜を使用した料理がずらりと並ぶビュッフェスタイル

🍴ランチなら
津和野野菜の一皿盛りビュッフェ 1000円～
並んだ料理から、一皿に自由に盛りつけて味わえる（土・日曜・祝日のみ）。ライス・スープ付き

🍴ランチなら
野菜ソムリエ谷口さんの自家菜園ランチ 1100円
地元野菜を使用したバランスの良い定食セット（木・金曜のみ）。プラス550円でケーキとコーヒーもつけられる。

食べ歩きたい
テイクアウトグルメ

「沙羅の木」の裏手にある「沙羅の木別館 茶屋」では、アイスをパンに挟んで焼いた、津和野 焼アイス350円を販売しています。津和野観光のおともにぜひ。
☞P77・79(沙羅の木) **MAP** P81B2

【殿町通り】

さらのき
沙羅の木

地元のいろいろが揃う複合茶寮

一つの建物にカフェ、食事処、ショップが揃い、観光の拠点としても最適。ショップで買い物したり、カフェでお茶したりと楽しみ方もいろいろだ。庭園を望む松韻亭での食事もいい。

DATA ☞P79

ココが素敵
店内の各所に骨董品などが飾られ、レトロな洋館を思わせる。

🍴 ランチなら
山菜つづり
2750円
クマザサを使ったそばのほか全7品がセット

☕ ひと休みなら
コーヒーゼリー
700円
隠し味のブランデーが決め手の大人スイーツ

▶創業時から変わらない店構え

ココが素敵
木のぬくもりを感じる店内。木製のメニュー板が吊るされている。

【津和野駅周辺】
みのや

峠の茶屋を思わせる甘味処

お手製スイーツや郷土料理が味わえる甘味処。おすすめは、津和野でとれたふきを甘辛く煮て、ご飯と混ぜた郷土料理「ふきめし」の定食。付け合わせのぜんまいの煮物も心に染み入る懐かしい味だ。

☎0856-72-1531 🏠津和野町後田イ75-1 🕐9時30分～17時30分 🚫水曜（祝日の場合は翌日）🚃JR津和野駅から徒歩3分 🅿9台 **MAP** P81B1

◀通り沿いながら店内は静かな空気が流れる

☕ ひと休みなら
よもぎ団子
3本 400円
小豆あん、きなこ、しょうゆの3種

🍴 ランチなら
ふきめし定食
750円
ご飯に染み込む甘辛いタレがクセになりそう

津和野 ●レトロなカフェ＆喫茶

📖 朝早くから営業している店もありますが、朝は地元のお客さんでいっぱいなので、時間をずらして訪れるのがおすすめです。

自分へのおみやげは
手仕事雑貨と工芸品で決まり！

津和野には街の雰囲気と合った、温かみのある手作り小物のショップがいっぱい。
持っているだけでもうれしくなる、そんなお気に入りを探しに出かけましょう。

干支の張子
1個 990円

お箸
各648円

小銭入れ
各1188円

◀伝統的な技法で作られる
燭台1台5500円

本町通り
えびや
海老舎

**全国各地から収集した
作家モノがたくさん**

もとは商家だったという建物
を活用。通りを歩いていると目
に留まる、立派な門構えが目
印だ。店内には、季節の食器
やアクセサリーなどオーナーチ
ョイスの作家作品が多種多様
に揃う。また、店の奥には喫茶
「間」もある（〜16時LO）。

☎0856-72-4017 🏠津和野町後
田口233 🕐8時30分〜16時50分
🈲不定休 🚋JR津和野駅から徒歩7
分 🅿5台 **MAP** P81C2

本町通り
ぶんどうやしちうえもん
分銅屋七右衛門

**300年以上の歴史を誇る
老舗雑貨店**

江戸期から昭和22年（1947）
まで、びんつけ油と和ローソク
を製造・販売していた雑貨店
で、現在はお香を使ったグッズ
や水引を使ったアクセサリーな
どを販売。オリジナル商品の小
物のほとんどが店主の娘さん
の手作りだ。

☎0856-72-0021 🏠津和野町後
田口190 🕐8時30分〜18時（11〜2
月は〜17時30分）🈲不定休 🚋JR
津和野駅から徒歩8分 🅿なし **MAP**
P81C2

水引ブローチ
各6600円

華飾り
1290円

水引イヤリング
1600円

水引ストラップ
1600円

※母屋は嘉永6年（1853）の大火直後の建設で国の登録有形文化財。中庭は国の登録記念物庭園。
※煎茶体験もできる。1席5名までで1名3000円。3日前まで要予約。詳細は問合せを。

津和野の銘酒を
おみやげに

津和野を代表する銘酒「初陣」の蔵元「古橋酒造」。おすすめは良質な水で作る純米大吟醸720㎖3630円。発泡日本酒「プリンセスフラウ」250㎖600円は和食にも洋食にも合います。
☎0856-72-0048 **MAP**P81C2

ティッシュカバー
1個 450円

花コースター
1枚 600円

ミニ壁掛（鯉）
1個 800円

こちらもオススメ

津和野伝統和菓子はこちら

太皷谷稲成神社（☞P71）の参拝客に親しまれてきた、和菓子の数々。源氏巻は津和野の伝統菓子で、各店が趣向を凝らしています。

本町通り

笑小巻は季節に合わせて焼印が変わる

わがしどころ さんしょうどう かしんあん
和菓子処 三松堂 菓心庵

登録有形文化財の町家が店舗。3分の1に小さく切った源氏巻に笑顔の焼印を押した笑小巻5個780円は、地元を代表する銘菓として人気。期間限定で季節の絵柄バージョンも。

☎0856-72-3225 津和野町後田口197 ⏰10時30分〜17時 休木曜 JR津和野駅から徒歩10分 Pなし
MAPP81C2

本町通り

つぶ餡に栗甘露煮を詰めた栗御門

やまだちくふうけんほんてん ほんまちてん
山田竹風軒本店 本町店

明治18年（1885）創業の老舗和菓子店。栗御門1本1100円のほか、源氏巻の手焼き体験（1回800円、3〜11月の土・日曜・祝日13時〜15時30分、本社工場☎0856-72-0041に要予約）もできる。

☎0856-72-1858 津和野町後田口240 ⏰7時30分〜18時 無休 JR津和野駅から徒歩7分 P3台 **MAP**P81C2

本町通り

鷲しぐれは羽を広げた白鷲をかたどったもの

ほうげつどう
峰月堂

津和野の弥栄神社に伝わる神事「鷺舞」（☞P125）をイメージした鷲しぐれ178円は、梅肉を練り込んだ薄紅色の餡を白い求肥で包んだもの。箱入りは8個1545円。

☎0856-72-0346 津和野町後田口259 ⏰8時〜18時30分 休不定休 JR津和野駅から徒歩5分 Pなし
MAPP81C1

殿町通り

さらのき
沙羅の木

カラー、模様さまざまな 和紙製品がズラリ

自社工房で作られる石見地方の伝統工芸品・和紙を使った製品が揃う。なかでもイチオシは、特殊加工した和紙を用いた竹製の雑貨。このほか、隣接する工房では、思い出づくりにぴったりの和紙の制作体験1名700円〜（要予約）も常時開催する。

☎0856-72-1661 津和野町後田口70 ⏰9〜18時（季節により異なる）休無休 JR津和野駅から徒歩10分 P50台 **MAP**P81B2

▲ひとつひとつ手作りされる和紙人形しおり
1枚270円

📖 江戸時代に製紙業が栄え、津和野藩の財政を支えた石州和紙。おしゃれにアレンジした製品はおみやげにぴったりです。

ココにも行きたい

津和野のおすすめスポット

乙女峠マリア聖堂
おとめとうげまりあせいどう

キリシタンの聖地に立つ美しい聖堂

明治元年（1868）、キリスト教禁令下に長崎の隠れキリシタンが収容され、36人が殉教した聖地。彼らの慰霊のために、ドイツ人神父が昭和26年（1951）に建立した聖堂が、今もひっそりと森の中にたたずんでいる。近くには収容されたキリシタンとマリアの像が立つ。**DATA**☎0856-72-1771（津和野町観光協会）🏠津和野町後田 💴休見学自由 🚉JR津和野駅から徒歩20分 🅿10台 **MAP**P81B1

堂内のステンドグラスには殉教者の姿が

石垣の上に立つ聖堂までは、山あいの遊歩道を歩こう

永明寺
ようめいじ

茅葺きの本堂が青空に映える禅寺

応永27年（1420）、津和野城主・吉見頼弘が創建した歴代城主の菩提寺。県下最古の曹洞宗の禅寺であり、単層茅葺きの本堂が美しい。また、山門の左手には森鷗外の墓がある。**DATA**☎0856-72-0137 🏠津和野町後田口107 💴境内自由（本堂・庭園・寺宝館拝観300円）🕘9～16時（変動あり）🚫9月25日（変動あり、要問合せ）🚉JR津和野駅から徒歩8分 🅿10台 **MAP**P81B1

津和野町 日本遺産センター
つわのちょう にほんいさんせんたー

「日本遺産」のガイダンスセンター

文化庁から「日本遺産」に認定された「津和野今昔～百景図を歩く～」のストーリーを、映像やパネル展示などで、現在の津和野の街と対照させながら解説。百景図（複製）をすべて見ることができる。コンシェルジュ（案内人）が常駐。**DATA**☎0856-72-1901 🏠津和野町後田口253 💴入館無料 🕘9～17時 休月曜（祝日の場合は翌日）🚉JR津和野駅から徒歩5分 🅿3台 **MAP**P81C1

津和野城跡
つわのじょうあと

山頂から津和野の街並みを見晴らす

鎌倉時代に吉見頼行が築城した居城跡で、現在は石垣のみが残る。麓と山頂を結ぶ観光リフトに乗り約5分間の空中散歩の後、少し歩くと街並みを見晴らせる本丸跡に到着する。**DATA**☎0856-72-0376（観光リフト）🏠津和野町後田 💴リフト往復700円 🕘リフト9時～16時30分 休リフトは12～2月の月～金曜、ほか臨時休業あり（1月1～3日は運行）🚫リフト乗り場へはバス停森から徒歩10分 🅿30台 **MAP**P81A4

旧堀氏庭園
きゅうほりしていえん

国指定名勝の池泉回遊式庭園

笹ヶ谷銅山などの銅採掘で繁栄した堀家が作庭し、2005年には国名勝に指定。「楽山荘」の客殿から眺める庭園は格別で、夏の新緑や冬の雪化粧など、四季折々の景色が楽しめる。邸宅の背後の森まで紅に染まる紅葉期は必見。**DATA**☎0856-72-0010 🏠津和野町邑輝795 💴入園500円 🕘9時～16時30分 休月曜（祝日の場合は翌日、11月は無休）🚫JR津和野駅から車で20分 🅿50台 **MAP**折込裏F3

藩校養老館
はんこうようろうかん

多くの秀才を育んだ由緒ある藩校

天明6年（1786）に創設された津和野藩の藩校。のちに全国に名を馳せた秀才を多く排出しており、幕末には西周や森鷗外などが学んだ。館内では養老館の歴史や、関わった偉人たちを紹介する展示を見ることができる。**DATA**☎0856-72-0300（津和野町郷土館）🏠津和野町後田イ66 💴入館100円（館内見学のみ）🕘9～17時 休無休 🚉JR津和野駅から徒歩4分 🅿なし **MAP**P81C1

美松食堂
みまつしょくどう

津和野名物のいなり寿司をテイクアウト

太鼓谷稲成神社（☞P71）の表参道にある老舗食事処。全国にファンを持つ名物のいなり寿司5個650円は、秘伝のタレでじっくり煮詰めては冷まし、再び煮詰めるというこだわりの油揚げがうまさの決め手。持ち帰りもOKだ。**DATA**☎0856-72-0077 🏠津和野町後田ロ59-13 🕘10～17時 休水曜（毎月1日、祝日の場合は営業）🚫JR津和野駅から徒歩14分 🅿3台 **MAP**P81B2

髙津屋伊藤博石堂
たかつやいとうはくせきどう

文豪も御用達だった胃腸薬が人気

寛政10年（1798）創業、白壁の店構えや百味箪笥、ふわりと香る生薬の匂いにその歴史を感じられる老舗薬店。明治に入り5代目が創始した家伝の胃腸薬「一等丸」300粒1700円は、医師でもあった鷗外もその即効性を賞賛し、愛用していたという。**DATA**☎0856-72-0023 🏠津和野町後田ロ231 🕘9～18時 休不定休 🚉JR津和野駅から徒歩6分 🅿1台 **MAP**P81C1

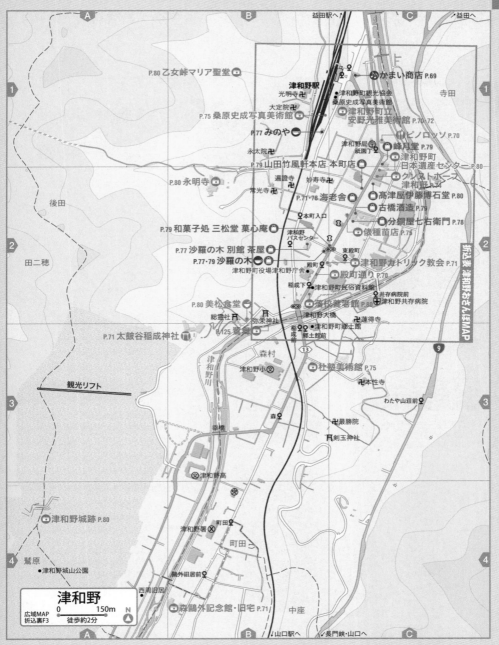

津和野

- P.80 乙女峠マリア聖堂
- P.69 かまい商店
- 津和野駅
- 光明寺
- 津和野町観光協会
- 桑原史成写真美術館
- 大定院
- 津和野町立 安野光雅美術館 P.70・72
- P.75 桑原史成写真美術館
- ピノロッソ P.70
- P.77 みのや
- 峰月堂 P.79
- 津和野局 紙園丁
- 津和野町 日本遺産センター P.80
- 永太院
- P.79 山田竹風軒本店 本町店
- クリストホース 津和野ハウス
- 遍照寺
- 妙寿寺
- 高津屋伊藤博石堂 P.80
- P.80 永明寺
- 常光寺
- 古橋酒造 P.79
- P.71・78 海老舎
- 分銅屋七右衛門 P.78
- 本町入口
- 俵種苗店 P.75
- P.79 和菓子処 三松堂 菓心庵
- 津和野バスセンター
- P.77 沙羅の木 別館 茶屋
- 東殿町
- P.77・79 沙羅の木
- 殿町
- 津和野カトリック教会 P.71
- 津和野町役場津和野庁舎
- 殿町通り P.70
- 稲成下
- 津和野町民俗資料館
- 共存病院前
- P.80 美松食堂
- 津和野共存病院
- 総霊社前
- 済松養老館 P.80
- 弥栄神社
- 津和野大橋
- P.71 太皷谷稲成神社
- P.125 鷺舞
- 稲成前
- 蓮華寺
- 津和野郷土館
- 郷土館前
- 森村
- ⑬
- 津和野川
- 杜塾美術館 P.75
- 津和野小
- 本性寺
- 観光リフト
- わたや山荘前
- 幸橋
- 森
- 最勝院
- 剣玉神社
- 津和野高
- 津和野城跡 P.80
- 町田
- 津和野署
- 町田
- 鷲原
- 津和野城山公園
- 鴎外旧居前
- 西周旧居
- 森鴎外記念館・旧宅 P.71
- 中座

広域MAP 折込裏F3
0　　　150m
徒歩約2分
N

折込裏 津和野駅お散歩MAP

「乙女峠マリア聖堂」の近くには受話器が2つ付いた公衆電話があります。一緒に受話器をとって思いを伝え合うと成就するといわれています。

📷 **鉄旅column**

SLやまぐち号

新山口駅と津和野駅を結ぶSL。客車はSL全盛期の姿を忠実に再現。細部にまでこだわった内装やインテリアは旅気分を盛り上げてくれる。

機関室にて出発前の準備
新山口駅1番のりばではSLと記念撮影もできる。

いよいよ出発します!
出発時の汽笛の音は大迫力!

重厚感のあるグリーン車
1号車はグリーン車で快適性とレトロ感を両立している。

2～4号車は普通車
木のぬくもりが感じられる内装。

SL弁当を堪能!
SL弁当1200円は新山口駅1番のりばで販売。
※SL運行時のみ

3号車に展示コーナーも
SLの歴史を学べる展示スペースなどがあり、SLファンも家族でも楽しめる。

おみやげは車内販売カウンターで
SLグッズや沿線自慢の逸品が揃う。

> 駅舎近くの転車台で車両の向きを切り替える貴重な様子を見学できる

津和野

鍋倉　徳佐
地福

> 朱塗りの鉄橋を駆け抜ける姿は、写真愛好家からも人気が高い

長門峡
篠目
仁保
山口
湯田温泉

新山口

えすえるやまぐちごう
SLやまぐち号
のどかな田園と急勾配の山あいを走る

昭和54年（1979）に復活。大自然のさわやかな風、機関車から漂う石炭の香り。約2時間のレトロな旅を満喫できる。

💴新山口駅～津和野駅1700円（普通車指定席）、2170円（グリーン車）※乗車日の1カ月前の10時から全国のJRの主な駅のみどりの窓口や主な旅行会社で販売 🕐新山口駅10時50分発→津和野駅12時58分着、津和野駅15時45分発→新山口駅17時30分着 ※2022年8月現在、炭水車の不具合修繕のためDLやまぐち号が運転中。再開などの運行スケジュールは公式HPを要確認 ☎0570-00-2486（JR西日本お客様センター 🕐6～23時 🈺無休）広域MAP 折込裏E4

写真：吉永 昂弘
▲黒煙を上げながら走る勇姿に、鉄道ファンならずとも胸が高鳴る

下関でフグ料理を味わい、門司港でレトロ建築を訪ねましょう。

フグの一大集積地・下関と、その対岸に位置する福岡県門司港。
下関で活気ある市場を見学して魚介グルメを楽しんだら、
門司港でレトロ建築巡りやおしゃれ雑貨探し。
さわやかな潮風が吹き抜ける港町で思い思いのひとときを。

これしよう！
新鮮食材が揃う
唐戸市場へ

魚介類が豊富に揃う唐戸市場。テイクアウトグルメを食べ歩きするのもいい（☞P88）。

これしよう！
本場のフグ料理で
ちょっぴり贅沢

ふく料理公許第1号店の春帆楼をはじめ、フグ料理店が市内にはたくさん！（☞P92）

これしよう！
約1kmの関門海峡を
横断しましょう

対岸の九州までは約1kmの距離。関門トンネル人道を使えば徒歩15分で行ける。

海風がさわやかなウォーターフロント

下関
しものせき

ご当地価格の
回転寿司はテッパンの美食

魚介盛りだくさんの
丼もぜひ

こんなところ

目の前に関門海峡、対岸には九州・門司港を望む。周辺には、壇之浦や巌流島など歴史好きにはたまらないスポットも多数点在。地元で"ふく"とよばれる名物のフグ料理や、新鮮魚介も充実している。お腹がすいたらカモンワーフや唐戸市場へ行こう。

access

山口宇部空港		新下関駅
空港シャトルバス（下関山電タクシー）1時間15分		JR山陽本線・普通 10分

↓ → **下関駅**

サンデン交通バス
火の山線 国民宿舎
前行き　2分
↓
♀ 細江町
↓ 3分
♀ 海響館前
↓ 2分
♀ 唐戸
↓ 2分
♀ 赤間神宮前
↓ 3分
♀ 御裳川

☎083-231-1350（下関市観光政策課）広域 MAP 折込裏A7

～下関　はやわかりMAP～

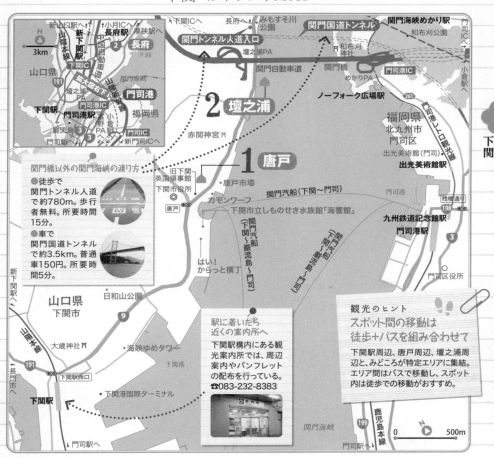

下関

関門橋以外の関門海峡の渡り方

●徒歩で
関門トンネル人道で約780m。歩行者無料。所要時間15分。

●車で
関門国道トンネルで約3.5km。普通車150円。所要時間5分。

駅に着いたら
近くの案内所へ
下関駅構内にある観光案内やパンフレットの配布を行っている。
☎083-232-8383

観光のヒント
スポット間の移動は
徒歩＋バスを組み合わせて
下関駅周辺、唐戸周辺、壇之浦周辺と、みどころが特定エリアに集結。エリア間はバスで移動し、スポット内は徒歩での移動がおすすめ。

0　　500m

注目エリアはコチラです

1 唐戸
からと

唐戸市場（☞P86・88）を中心に、カモンワーフ（☞P87）や赤間神宮（☞P103）などがある。近くには水族館も。

2 壇之浦
だんのうら

かの有名な源平合戦の舞台となった地。現在は頭上を関門橋が通る。絶景を楽しみながら、周辺の歴史さんぽを満喫しよう。

観光に便利な乗り物

関門海峡クローバーきっぷ

観光列車（潮風号）、サンデンバス（御裳川～唐戸）、関門汽船（唐戸桟橋～門司港桟橋）を（各1回利用）乗り継いで、海峡をぐるっと一周できる。
チケット発売場所
観光列車/九州鉄道記念館駅、めかり総合案内所　**サンデン交通**/唐戸きっぷ売り場、下関駅きっぷ売り場　**関門汽船**/門司港桟橋発券所（マリンゲートもじ）、唐戸桟橋発券所
☎093-331-1065（平成筑豊鉄道）●運行日は土・日曜、祝日（詳細は「潮風号」HPを要確認）

心地よい潮風を感じて 下関をおさんぽしましょう

散策所要 1日

関門海峡を吹き抜けるさわやかな風が気持ちいい下関の街。
景色、海の幸、歴史と、いろんな角度から魅力を満喫してみましょう。

START! JR下関駅 徒歩7分

下関駅周辺
かいきょうゆめたわー
海峡ゆめタワー ⏱ 9:30

高さ143mの展望室から街を眼下に

シースルーエレベーターで昇ること約70秒。展望室からは、下関の街並みや瀬戸内海、対岸の門司港の景色までを一望できる。28階にはさまざまな縁を結ぶ「縁結び神社」がある。夜間には曜日ごとに色が変わる全7色のライトアップを実施。

☎083-231-5877 住下関市豊前田町3-3-1 料入場600円 🕘9時30分～21時30分（入館は～21時）休1月の第4土曜 交JR下関駅から徒歩7分 P150台（タワー利用者は2時間無料）MAP P97B4

ガラス張りの高層タワーは下関のランドマーク♪

❶球体状の展望室は360度の眺望を楽しめるのが魅力 ❷夜間にはロマンチックな下関の夜景を堪能できる

▲タワー外壁には8700枚ものガラスを使用

🚌 バスで5分

🚢 徒歩+連絡船で15分

ペンギンたちのリアルな生態を観察してみよう

◀野生での生息環境に近づけるための工夫がたくさん！

徒歩5分

フグやマグロなど特上ネタもお手頃価格で味わえる

▲金・土・日曜、祝日開催の「活きいき馬関街」では海鮮丼などを味わえる

唐戸
しものせきりついしのせきすいぞくかん「かいきょうかん」
下関市立しものせき水族館「海響館」 ⏱ 10:30

海のライブ感を楽しめる大型水族館

日本最大級のペンギン展示施設「ペンギン村」では、水中を飛ぶように泳ぐペンギンが必見。ほかにもイルカとアシカの共演ショー「アクアシアター」や体験イベント（2022年8月現在休止中、HPを確認）など、海の生き物たちの見どころが満載。

カラフルなフグも！
本場・下関だけに約100種のフグの仲間を展示

☎083-228-1100 住下関市あるかぽーと6-1 料入館2090円 🕘9時30分～17時30分（入館は～17時）休無休 交バス停海響館前から徒歩3分 P周辺駐車場利用（有料）MAP P97C2

唐戸
からといちば
唐戸市場 ⏱ 12:00

活気あふれる海産物市場

関門海峡に面した場所にある卸売市場。場内では一般客も海産物を購入できるほか、2階には新鮮な魚介を気軽に楽しめる食事処も充実している。

DATA ☞ P88

ワンデーフリーパス
2200円で乗り尽くそう!

近代建築「旧秋田商会ビル」へ

大正4年(1915)築の「旧秋田商会ビル」は、西日本で最初の鉄筋コンクリート造りで、和洋折衷のユニークな建物で、市指定有形文化財。
☎083-231-4141 MAP P97C2

日本を代表する剣豪が、己の誇りをかけて対決した聖地とされる

▲正式名称は船島。敗れた小次郎の流派からこの名に

下関 ●心地よい潮風を感じて下関をおさんぽ

唐戸
はい! からっとよこちょう
はい! からっと横丁 ⏰13:30

大観覧車のある遊園地

海響館に隣接する8000㎡の遊園地。高さ60mの大観覧車や縁日気分が味わえるゲームなど、大人から子どもまで幅広く楽しめるアトラクションがいっぱい。

☎083-229-2300 住下関市あるかぽーと1-40 ¥入場無料(アトラクションは別途) ⏰11〜18時(観覧車のみ〜21時)、土・日曜・祝日10〜21時 ※季節により変動あり 休水曜(春・夏・冬休み期間は無休) 交バス停海響館前から徒歩2分 Pなし MAP P97C2

連絡船+徒歩で20分

関門海峡
がんりゅうじま
巌流島 🕒15:00

「決闘のロマン」漂う離れ島

慶長17年(1612)、二刀流の達人・宮本武蔵と名剣「燕返し」で有名な巌流・佐々木小次郎が決闘を行った地として知られる。島の海岸には武蔵・小次郎像が立ち、決闘の砂浜が再現されている。

☎083-231-1838(下関市観光施設課) 住下関市彦島船島648 ¥唐戸桟橋発着連絡船往復900円 ⏰1日12便 交バス停唐戸から徒歩2分の唐戸桟橋から汽船で約10分 Pなし MAP P96B4

唐戸
にっしんこうわきねんかん
日清講和記念館 🕒15:45

日本近代史の転換点となった舞台

明治28年(1895)、日清戦争の講和会議が行われた料亭「春帆楼」(本店☞P92)横に立つ記念館。内部では会議で使用された部屋が再現され、当時の様子が展示されている。

☎083-241-1080(下関市立歴史博物館) 住下関市阿弥陀寺町4-3 ¥入館無料 ⏰9〜17時(入館は〜16時30分) 休無休 交バス停赤間神宮前から徒歩2分 Pなし MAP P97C1

徒歩2分

徒歩5分

下関の味覚が集う施設でお気に入りの一品を探して!

▲海岸沿いに立ち、各店舗からは雄大な海峡が望める

唐戸
かもんわーふ
カモンワーフ 🕒16:30

下関の味覚をまるごと味わえる

唐戸市場に隣接するレストラン・ショッピング施設。フグやウニなど、下関ならではの新鮮な海の幸を味わえる店が並ぶ。みやげコーナーのほか、ご当地グルメのテイクアウト店も充実。

☎083-228-0330 住下関市唐戸町6-1 ⏰10〜22時(店舗により異なる) 休無休 交バス停唐戸から徒歩2分 P95台(30分120円) MAP P97C1

歴史を動かした講和会議の緊迫感がリアルに伝わってくる

▲建物外観はモダンな雰囲気 ◀伊藤博文や李鴻章などの席順も忠実に再現

▲「ふくの関 カモンワーフ店」(☞P93)でふく定食を

徒歩2分

GOAL! バス停 唐戸

 「海響館」では、ペンギンとふれあえるペンギンタッチ(無料、冬期は休み)も人気です。(2022年8月現在休止中。再開はHPを要確認)

山口ならではの食材が揃う 唐戸市場を探検しましょう

見学所要 1時間

港町・下関を代表する観光スポットで、下関をはじめ山口県内の味覚が集まる大型市場。
食事処や食べ歩きグルメが充実し、週末に登場する海鮮屋台も要チェックです。

福をよぶ マネキン発見!
2階にある「福招金」と一緒に記念撮影するとご利益があるとか

おさんぽ前にまずは 場内をはやわかり

1 仲買人や地元の料理人で賑わう唐戸市場 2 関門海峡に面した赤レンガの建物が目印

唐戸
からといちば
唐戸市場

プロ御用達!下関の台所

現在の市場のもととなる「魚菜市場」が開場したのは昭和8年(1933)。地元の料理人も買い付けに通う卸売市場は、一般客も利用可能で、店の人と会話をしながら買い物を楽しめる。また、市場2階には寿司店や大衆食堂などが並び、朝食やランチにも最適。

☎083-231-0001 住下関市唐戸町5-50 営月～土曜5～15時、日曜・祝日8～15時 ※店舗により異なる 休不定休 交バス停唐戸から徒歩3分 P528台
MAP P97C1

2F
展望デッキ
唐戸食堂
茶居夢
魚食普及センター
海転からと市場寿司 P.91
福招金
市場食堂よし

1F
食品卸センター
生花・青果センター
仲卸売場コーナー
鰹・蒲鉾コーナー
卸売場(馬関街広場)
馬関街中通り
馬関街大通り
鮮魚コーナー
活魚水槽
おさかなセンター
そ菜生産者直売
加工処理場
下関沿岸漁業者直売コーナー

ワンポイント アドバイス
訪れたいのは午前中。早朝の5～7時ごろには店頭に鮮魚が多く並び、市場の活気が体感できる

では早速、市場探検スタート

お店の人とのやりとりが楽しい!

店の人に何でも聞いてみて!
店の人と気軽に話せるのも卸売市場ならでは。わからないことは聞いてみて。

卸売市場のライブ感を堪能
2階の通路に上がれば、活気にあふれる市場全体の様子を一望できる。

場内はいつも元気いっぱい!
あちこちで威勢のいいかけ声が響く場内は、活気と元気に満ちている。

下関・唐戸市場を探検

新鮮な魚が たくさん!

いろいろな魚介類が揃う
ヒラソなどふだんあまり見かけない魚もたくさん店頭に並ぶ。見ているだけでも楽しい。

芝生広場でお昼ごはん
市場内でテイクアウトできる寿司などは屋上の芝生広場で食べられる。

地元特産のおみやげをGET
併設の食品卸センターには珍味や加工品などの特産品が並ぶ。

週末なら馬関街をチェック

週末限定のイベント「活きいき馬関街」では、唐戸市場1階に鮮魚店による海鮮屋台が最大20ブース以上登場。新鮮なネタを使ったにぎり寿司や海鮮丼などを、その場で味わえる。

🕐金・土曜10〜15時、日曜・祝日8〜15時(ともに売り切れ次第終了)

市場中央のおさかなセンター付近で開催

海鮮丼 1000〜1500円
彩り豊かな海鮮丼は店舗ごとに得意のネタがあり、種類はさまざまだ

この値段で大ボリューム!

新鮮だから歯ごたえが違う!

あつあつのフグ汁でリフレッシュ!

寿司 1貫100円〜
サンマやマグロなど、朝に入荷したばかりの魚を使用した寿司は鮮度抜群

フグ汁 400円
フグの一種、カナトフグが1匹入ったフグ汁は「活きいき馬関街」名物。うま味が染み出ていて美味

📖 下関フグのセリといえば、有名な"袋セリ"。袋の中に手を入れて、売り手と買い手が指で数字を作って競り落とす珍しい方法です。

とれたてピチピチの海の幸を海鮮丼&お寿司で召し上がれ

気軽に楽しめる海の幸グルメの王道といえば、海鮮丼&回転寿司。
下関で新鮮な海産物を提供する海鮮料理店、回転寿司の人気店をご紹介します。

海鮮丼

鮮魚店直営だから
ネタが新鮮でおトク

海鮮丼 1100円
ゴマダレをベースにした特製タレが具材に絡み、まろやかな味わいに

下関駅前
おかもとせんぎょてん
おかもと鮮魚店

フグを一年中扱う地元の名鮮魚店が営むだけに、新鮮食材の海鮮丼をお得に味わえる。具は贅沢に10〜13種。時期や鮮魚店の売れ行きによりネタは変わるが、ハモやあん肝が入ることも。

☎083-232-8551 🏠下関市竹崎町2-7-4 🕚11〜23時 🈳日曜(日・月曜連休の場合は月曜) 🚃JR下関駅から徒歩5分 Pなし MAP P97A4

隣の鮮魚店のショーケースから魚を選び、煮物や造りにしてもらうこともできる

唐戸
きへいたい
奇兵隊

とれたての新鮮な地元の魚介類を中心に調理し、リーズナブルな価格で多彩な海鮮丼や定食類を提供する店。人気の海の幸デラックス丼セットなど、フグをはじめとしたご当地食材も手軽に味わえる。

☎083-232-7028 🏠下関市唐戸町6-1 カモンワーフ2階 🕚11〜15時(土・日曜、祝日は〜16時) 🈳無休 🚃バス停唐戸から徒歩2分 Pカモンワーフ駐車場95台(30分120円) MAP P97C1

カモンワーフ(☞P87)内にあるので気軽に立ち寄りたい

北浦の海でとれた
新鮮魚介がてんこ盛り

海の幸デラックス丼セット 2480円
新鮮なエビやウニ、イクラ、旬の魚が豪華に盛り込まれた一品

唐戸市場直送の
食材がたっぷり

ふく刺しぶっかけ丼 980円
甘めに仕上げたポン酢をフグ刺しにかけて食べる名物丼

唐戸
ふくのかわく
ふくの河久

ふく刺しぶっかけ丼のほか、フグフライにだしを利かせたあんがかかったふくあんかけ丼780円などのオリジナル丼が評判。ふくカツカレー680円、ふく天うどん600円などの個性派フグメニューも。

☎083-235-4129 🏠下関市唐戸5-1 🕙10〜18時 🈳金曜 🚃バス停唐戸から徒歩1分 P周辺駐車場利用 MAP P97C1

唐戸市場(☞P86・88)と下関市立しものせき水族館「海響館」(☞P86)の間にあるので、立ち寄りやすい

下関みやげは カモンワーフに 勢揃い

下関の名産品ならカモンワーフ（☞P87）。例えば1階の「ふくの里」にはキュートな"ふくみやげ"が満載だ。写真は左からふくふくチョコサンド680円、ふくらーめん塩味340円。
☎083-229-5800 **MAP**P97C1

回転寿司

仕入れ先にこだわった魚介がネタに

本まぐろ・大トロ
660円
一番人気
築地市場直送。1本買いだからこそのこの値段。口の中でほどけるよう

リピーター多数

炙りサーモンチーズマヨ
440円
やわらかな炙りサーモンに、チーズとマヨネーズが絶妙にマッチ

店のオススメ

焼き鯖の棒すし
264円
香ばしい焼き鯖の箱寿司をカット。上にのった柚子胡椒が香りを添える

唐戸
すしゆうかん からとてん
すし遊館 唐戸店

隣の唐戸市場はもちろん、全国から仕入れを実施。1貫129円〜という良心価格もうれしい。シャリの温度も人肌に徹底するなど、細部にまでこだわった本格寿司を楽しんで。

☎083-228-1722 **住**下関市唐戸町6-1カモンワーフ2階 **時**11〜15時、17時〜20時45分LO(入店は〜20時45分)、土・日曜は〜21時LO(入店は〜20時45分) **休**無休 **交**バス停唐戸から徒歩2分 **P**カモンワーフ駐車場95台(30分200円)
MAPP97C1

海に面したカモンワーフの2階。窓からは見渡す限り海が広がる

唐戸
かいてんからといちばずし
海転からと市場寿司

唐戸市場（☞P88）の2階にある人気の回転寿司店。ネタは新鮮そのもので、トラフグや鯨など下関ならではの食材が多い。料金設定が1皿135円〜とリーズナブルなのも高ポイント。

☎083-233-2611 **住**下関市唐戸5-50唐戸市場2階 **時**11時〜14時30分LO **休**不定休 **交**バス停唐戸から徒歩3分 **P**唐戸市場駐車場528台 **MAP**P97C1

鯨ベーコン
313円
独特の透明感は新鮮さの証拠。滋味深い味わいを堪能して

市場内にあるから鮮度は折り紙付き

リピーター多数

地だこ 259円
地元で水場げされた地だこを使用する。大判でシャリが隠れるほど

一番人気

トラフク 453円
下関ならではのトラフグ寿司。噛むほどにうま味が染み出る

店のオススメ

行列必至の店。30分前から事前受付を開始

下関 ● 海の幸を海鮮丼&お寿司で

📖 「海転からと市場寿司」では、寿司のテイクアウトもOK。市場の屋上にある芝生広場で味わうのも気持ちいいですよ。

港町・下関を代表する名物グルメ "ふく料理"を召し上がれ

縁起のいい福にかけて"ふく"とよばれる下関のフグ。
豪華コースやお値打ち価格の定食など、本場でしか味わえない逸品をご賞味あれ。

フグ料理発祥の老舗で
絶品フルコースを！

唐戸

しゅんぱんろう ほんてん
春帆楼 本店

フグ料理発祥の老舗旅館

明治21年（1888）、時の総理大臣・伊藤博文にフグを提供し、禁食令解禁のきっかけとなった店。今もその伝統と格式を受け継ぎ、一流のフグ料理を提供し続ける。

☎083-223-7181 住下関市阿弥陀寺町4-2 ⏰11〜14時、17〜21時LO（各要予約）休無休 交バス停赤間神宮前から徒歩2分 P40台 MAP P97C1

◆予算目安
昼・夜ともにふく会席1人9680円〜

● 時　期：通年OK
● 料理名：ふくフルコース（要予約）
● 価　格：2万4200円〜
下関南風泊市場で仕入れたトラフグを使ったフルコース。写真の料理以外にも「ふくの白子蒸し」や「ふくぞうすい」などが付く。

ふく唐揚げ
身のうま味を引き立てる秘伝のレシピで下ごしらえ。

ふくちり鍋
昆布とフグで丁寧にとっただしが味わい深い。

ふく薄造り ポン酢 薬味
※写真は2人前皿の絵柄が透けるほど薄く、繊細な包丁さばきが光る。

味はもちろんですが
建物や雰囲気も素敵です

歴史と風格を感じる建物
創業時の建物は戦災で焼失し、現在は3代目。

モダンな玄関が印象的
赤と黒を基調にした和モダンのエントランス。

料理は風雅な部屋で
すみずみまで手入れの行き届いた部屋で料理を堪能できる。

部屋からの眺望も抜群
目の前には関門海峡。絶景が料理を引き立てる。

※予約人数によって部屋が変更になる場合があります。

下関のフグ図鑑

3～11月に旬を迎えるフグは、品種によって価格や味もさまざま。代表的な3種を紹介します。

トラフグ
深い味わいから"フグの王様"とされ、高値で取引される。特に天然モノは最高級品。

マフグ
流通量が多く、比較的安価で食べられる。加工品のほか、食事処でも味わえる。

サバフグ
トラフグやマフグに比べて少し味は落ちるが、干物などの加工品に用いられる。

※有毒のため調理には特別な免許が必要です。

こちらの店もオススメです!

店1

ココがこだわり 使うのは国産トラフグのみ!
うま味の凝縮された国産トラフグだけを使用している。

ふく刺し、ふく唐揚げ、ふく鍋など、フグのおいしさをいいとこ取りできるお手軽コース

- ◉時　期：通年OK
- ◉料理名：フクミコース
- ◉価　格：4400円

ふくにぎり(2貫)や薄造り、唐揚げなど、お得な価格でバリエーション豊かに楽しめる。

唐戸

ふく・ちょうしゅうりょうり かつもと
ふく・長州料理 KATSUMOTO

一年中本格フグ料理が楽しめる

「下関のふく」や山口県の郷土料理が楽しめる店。瓦そばをはじめアンコウ料理、穴子料理に地元の野菜や肉類などを使った料理など豊富なメニューが揃う。

☎083-232-8694 🏠下関市田中町8-11 🕐11時30分～13時30分LO、17時～21時30分LO(土・日曜、祝日の昼は要予約) 休月曜 交バス停戸から徒歩4分 P7台
MAP P97B1

◆予算目安
昼1人3000円～
夜1人5000円～

店2

ココがこだわり 仲買直営だから安定の味!
値段はもちろん、一年中安定して仕入れられるのも強み。

ふく刺し、ふく唐揚げ、ふく握り、ふく鍋などが付く充実のラインナップ

- ◉時　期：通年OK
- ◉料理名：ふくの固定食
- ◉価　格：2480円

とらふく刺身、ふく唐揚げ、ふく南蛮漬け、ふく汁、ふく飯とふく三昧の内容に。

唐戸

ふくのせき かもんわーふてん
ふくの関 カモンワーフ店

カモンワーフでお手軽フグ定食を

フグの仲買店直営のため、新鮮なフグを抜群のコスパでいただける。海鮮七色丼2580円や瓦そば1080円などのご当地メニューも人気。

☎083-234-2981 🏠下関市唐戸町6-1カモンワーフ東1階海側 🕐11時～15時30分LO、17～20時LO 休無休 交バス停唐戸から徒歩2分 Pカモンワーフ駐車場95台(30分120円) MAP P97C1

◆予算目安
昼1人1000円～
夜1人2000円～

店3

ココがこだわり 本場下関のフグをお手軽に!
一皿から注文できて、新鮮なフグをリーズナブルに楽しめる。

巧みな包丁さばきで薄く切られたフグは、ほどよい歯応えでフグ本来の旨みを味わえる

- ◉時　期：通年OK
- ◉料理名：ふく刺
- ◉価　格：1940円(1人前)

市場直送の新鮮なフグをお刺身で食べられる単品メニュー。

下関駅周辺

こくみんしゅくしゃ かいきょうびゅー しものせき
国民宿舎 海峡ビュー しものせき

抜群のロケーションで旬魚を堪能

関門海峡を一望できるレストラン。季節に合わせた旬の魚介を堪能できる「四季の彩(3850円、要予約 ※仕入れ状況により内容変更の場合あり)」もおすすめ。宿泊も可能。

☎083-229-0117 🏠下関市みもすそ川町3-58 🕐11時30分～14時、18～21時(3日前までに要予約、2名以上～) 休不定休 交バス停国民宿舎前からすぐ P67台
MAP P96B1

◆予算目安
昼1人1100円～
夜1人2200円～

下関 ●名物グルメ"ふく料理"を召し上がれ

📖 下関ではあぶり焼きにしたフグのヒレを燗酒に入れる「ふくのヒレ酒」というお酒があり、居酒屋やおみやげ店などで購入できます。

ココにも行きたい

下関のおすすめスポット

亀山八幡宮
かめやまはちまんぐう

関の氏神「亀山さま」

貞観元年(859)創建の古社。応神天皇、仲哀天皇、神功皇后を主祭神とし、市内60カ所の氏神様として信仰を集める。愛称は「亀山さま」。関門海峡を見下ろす高台に立ち、幕末の下関戦争の火蓋を切ったとされる亀山砲台跡がある。日本一の大きさを誇る御影石製の大鳥居も必見。**DATA** ☎083-231-1323 **住**下関市中之町1-1 **¥⊕休**境内自由 **交**バス停唐戸から徒歩4分 **P**30台 **MAP**P97C1

大歳神社
おおとしじんじゃ

長い石段の上の由緒正しき神社

源義経が源平合戦の際に必勝祈願を行い、明治維新では高杉晋作が奇兵隊発足の軍旗を奉納するなど、数々の歴史の舞台となった。昭和15年(1940)の関門鉄道トンネル工事の際に現在の場所に移転。長い石段が特徴で、義経をモチーフにした勝守800円が人気。**DATA** ☎083-223-0104 **住**下関市竹崎町1-13-10 **¥⊕休**境内自由 **交**JR下関駅から徒歩5分 **P**なし **MAP**P97A4

恋人灯台
こいびととうだい

突堤に立つ赤白2色の灯台

唐戸市場(☞P86・88)近くの突堤に、向かい合うように高さ約6mの2基の灯台が立つ。恋人同士が各々灯台に触れながら愛を誓うと、必ず結ばれるといういわれがあり、遠くから訪れるカップルも多いとか。映画のロケ地としても人気を集める。**DATA** ☎083-231-1350(下関市観光政策課) **住**下関市あるかぽーと **¥⊕休**見学自由 **交**バス停唐戸から徒歩4分 **P**なし **MAP**P97C2

日和山公園
ひよりやまこうえん

高杉晋作像が下関を見下ろす

街の山の手にあり、関門海峡を一望できる。昭和31年(1956)に没後90年を記念して建立された高杉晋作の陶像がシンボル。日没〜22時はライトアップも行われ、幻想的な雰囲気を醸し出す。約270本の桜があり、春は桜の名所としても有名。**DATA** ☎083-231-1350(下関市観光政策課) **住**下関市丸山町7 **¥⊕休**散策自由 **交**バス停細江町から徒歩8分 **P**なし **MAP**P97B3

一の俣桜公園
いちのまたさくらこうえん

地元で人気の神秘的な絶景

公園内にある通称「青霧鯉池」は、砂防ダムでできた美しい池。枯れた木没林や山の緑が水面に映り込み、水中を色とりどりの鯉が泳ぐ幻想的な写真が撮れるとSNSで話題に。公園内は桜の名所でもあり、3月下旬〜4月上旬は約130本の桜が咲き誇る。**DATA** ☎083-766-0031(豊田町観光協会) **住**下関市豊田町一ノ俣 **¥⊕休**散策自由 **交**JR下関駅から車で1時間 **P**15台 **MAP**折込裏B5

洋食レストラン ブルーフォンセ
ようしょくれすとらん ぶるーふぉんせ

ゆったり海を眺めてフレンチを

海沿いのホテル5階の洋食レストラン。全面ガラス張りの明るい店内で、本格フレンチを味わえる。月替わりの季節のランチ2700円、メインが選べるセレクトランチ3200円〜など。**DATA** ☎083-231-5000 **住**下関市南部町31-2下関グランドホテル5階 **⊕**11時30分〜14時LO、17〜20時LO **休**無休 **交**バス停唐戸からすぐ **P**周辺有料駐車場利用 **MAP**P97C2

イルカの見えるレストラン
いるかのみえるれすとらん

イルカを眺めながらリラックスできる

下関市立しものせき水族館「海響館」(☞P86)の水槽に隣接。店内の大きな窓越しに優雅に泳ぐイルカを眺めながら、ゆっくり過ごせる。シェフのおすすめハンバーグステーキ1400円、瓦そば1250円など。**DATA** ☎083-235-1500 **住**下関市あるかぽーと6-1「海響館」内 **⊕**11〜18時(夜の水族館開催時は〜22時) **休**無休 **交**バス停海響館前から徒歩3分 **P**周辺駐車場利用(有料) **MAP**P97C2

Cha-no-koku カモンワーフ 下関店
ちゃのこく かもんわーふ しものせきてん

特産・小野茶の絶品スイーツ

カモンワーフ(☞P87)1階にあるカフェで、コク深い渋みと苦みが特徴の小野茶を使ったスイーツを味わえる。お茶の風味が豊かな小野茶フロート580円や小野茶ソフトクリーム400円が人気。店内で味わうもよし、もちろんテイクアウトもOK。**DATA** ☎083-229-4177 **住**下関市唐戸町6-1 **⊕**10〜18時 **休**無休 **交**バス停唐戸から徒歩2分 **P**カモンワーフ駐車場95台(30分120円) **MAP**P97C1

---

column
下関駅北側のコリアン商店街 グリーンモールをそぞろ歩き

下関駅東口から北へ延びる下関最大規模の商店街。戦後の闇市が発祥という歴史があり、現在も100軒以上の商店が軒を連ねている。別名リトル・プサンともよばれているため、焼肉店や韓国の食材・衣料品店など、韓国系の店が多いのが特徴。フェリーが毎日1往復運航している韓国との強い結びつきを物語る。☎なし **住**下関市竹崎町 **MAP**P97A4

下関観光の拠点にしたい
便利で快適なホテル

観光を思う存分楽しむなら、下関駅近くか唐戸地区のホテルが便利です。
満足度が高い充実のサービスを提供する、おすすめのホテルをご紹介。

下関駅周辺　🈂ゆ🛏🖥
ヴィアイン下関
うぃあいんしものせき

各種お得なプランも充実

全客室に空気清浄機と40インチまたは50インチのテレビを完備し、地下には大浴場を新設するなど設備が充実。ロビーには観光パンフレットが置かれ、観光情報の収集に最適。朝食（有料）は地元食材を用いた和膳を提供。夕食プランでは「ふく」「くじら」メニューが選択できる。**DATA** ☎083-222-6111 🏠下関市竹崎町4-2-33 💴シングル6500円〜　ダブル9500円〜 🕐IN15時 OUT10時 🚉JR下関駅から徒歩3分 🚌送迎なし 🅿32台 🏨195室 ●2020年6月リニューアル **MAP** P97A4

下関駅周辺　🈂ゆ🛏🖥
ドーミーインPREMIUM下関
どーみーいんぷれみあむしものせき

温泉施設を備えたシティホテル

最上階の男女別大浴場には、サウナや水風呂、露天風呂を備え、深夜でも利用できる。全室にシモンズ社製ベッドを標準装備しており、快適な一夜を過ごせる。下関名産のフグを使った朝食も人気が高い。**DATA** ☎083-223-5489 🏠下関市細江新町3-40 💴シングル5500円〜　ダブル9000円〜 🕐IN15時 OUT11時 🚉JR下関駅から徒歩8分 🚌送迎なし 🅿1台 🏨146室 ●2010年4月開業 ●露天あり **MAP** P97B4

唐戸　🈂🛏🖥
下関グランドホテル
しものせきぐらんどほてる

ロケーションに優れたシティホテル

関門海峡を目前に、下関市立しものせき水族館「海響館」（☞P86）や唐戸市場（☞P86・88）、カモンワーフ（☞P87）までいずれも徒歩1分ほど。ホテル前からは門司港レトロ地区と結ぶ船が発着している。客室はロイヤルスイートから和室まで9タイプで、オーシャンビューとシティビューに分かれる。**DATA** ☎083-231-5000 🏠下関市南部町31-2 💴シングル9504円〜　ツイン1万3068円〜 🕐IN15時 OUT12時 🚌バス停唐戸からすぐ 🚌送迎なし 🅿30台 🏨86室 **MAP** P97C2

下関駅周辺　🈂ゆ(男性のみ)🛏🖥
下関ステーションホテル
しものせきすてーしょんほてる

駅から近くて使い勝手抜群

駅からすぐの交通の至便さが魅力。男性専用の大浴場のほか、全客室に無料無線LANが完備されている。旅程に合わせた多彩なプランを用意。**DATA** ☎083-231-2225 🏠下関市竹崎町2-8-11 💴シングル4600円〜　ツイン6500円〜 🕐IN15時 OUT10時 🚉JR下関駅から徒歩3分 🚌送迎なし 🅿16台（ほか提携あり） 🏨171室 ●2010年2月改装 **MAP** P97A4

下関駅周辺　🈂🛏🖥
ホテルウィングインターナショナル下関
ほてるうぃんぐいんたーなしょなるしものせき

無料レンタサイクルもあり

下関駅西口を出てすぐのところにあり、高いリピーター率を誇る人気のホテル。1泊2食付きのプランでは、フグなど地元の特産にこだわった料理が味わえる。朝食ではフグ雑炊を堪能に。**DATA** ☎083-235-2111 🏠下関市竹崎町3-11-2 💴シングル7020円〜　ツイン1万2960円〜 🕐IN15時 OUT10時 🚉JR下関駅から徒歩2分 🚌送迎なし 🅿40台（先着順） 🏨101室 ●1991年4月開業 **MAP** P97A4

唐戸　🈂🛏🖥
プリンスホテル下関
ぷりんすほてるしものせき

唐戸市場も海響館も徒歩圏内

全室液晶TVとインターネットが完備された機能的なシングルルームをはじめ、4〜8人まで泊まれる広々としたファミリールームもあり、グループでの宿泊も快適に過ごせる。レンタサイクル（30分100円、1日400円）が利用でき、海峡ゆめタワーや海響館など下関ベイエリアの周辺散策にも便利。**DATA** ☎083-232-2301 🏠下関市竹崎町3-10-7 💴シングル5000円〜　ツイン9300円〜 🕐IN15時 OUT10時 🚉JR下関駅から徒歩2分 🚌送迎なし 🅿72台 🏨48室 **MAP** P97A4

🈂禁煙ルームあり　ゆ大浴場あり　🛏ひとり宿泊OK　🖥インターネット可

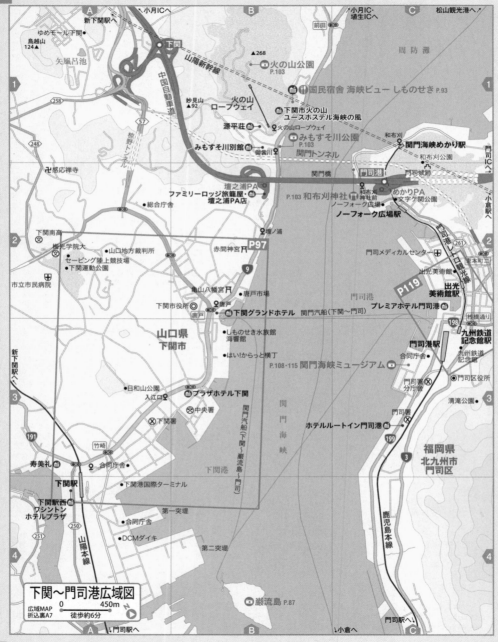

下関～門司港広域図

広域MAP
折込裏A7

0　　450m
徒歩約6分

下関●下関～門司港広域図／下関中心部MAP

下関中心部

0　　　150m
徒歩約2分

武家屋敷や土塀が続く
城下町・長府をそぞろ歩き

散策所要
4時間

下関からバスに揺られること約20分。落ち着いた雰囲気の城下町・長府に到着です。
土塀が続く路地をぶらり散策しながら、歴史の舞台を巡ってみましょう。

長府って
こんなところ

古代の史書にもその名を残す

大化の改新後に長門国の国府が置かれたことにちなむ名称で、『古事記』『日本書紀』にも記載がある。江戸時代には長府毛利藩5万石の城下町として繁栄、武家屋敷や土塀が続く街並みが往時の様子を今に伝える。

[問合せ] ☎083-231-1350(下関市観光政策課)
[アクセス] JR下関駅からサンデン交通バス長府・小月行きで市立美術館前まで20分、城下町長府まで23分 [広域MAP]折込裏B7

①長府藩侍屋敷長屋門付近。城下町らしい風格がある ②褐色の土塀が左右に続く古江小路(MAP P99中上) ③街の中心に位置し、信仰を集める忌宮神社(MAP P99中上)

徒歩2分

1
ちょうふもうりてい
長府毛利邸

美しい庭を眺めてほっこり

長府毛利家第14代当主・元敏公により明治36年(1903)に建てられた邸宅。新緑や紅葉の季節には白壁に囲まれた庭園がいちだんと映える。母屋の各所には野の花が活けられ、お茶の無料サービスも。ホッとくつろげる空間だ。

☎083-245-8090 [住]下関市長府惣社町4-10 [¥]入館210円 [時]9〜17時(入館は〜16時40分) [休]12月28日〜1月4日 [交]バス停城下町長府から徒歩10分 [P]なし [MAP]P99左上

①灯籠や池が効果的に配された池泉回遊式庭園 ②明治天皇の行在所としても使われ、一部の部屋は当時のまま残る ③庭を眺めながら抹茶(有料)も楽しめる

徒歩4分

①二重の屋根を持つ山門は圧倒的な迫力 ②境内にある高杉晋作回天義挙像

2
こうざんじ
功山寺

高杉晋作挙兵の古刹

幕末の京都の政変で7人の公卿が長州へ都落ちした際、高杉晋作が倒幕の先駆けとなる挙兵を行った寺。仏殿は日本最古の唐様建築として国宝に指定されている。

☎083-245-0258 [住]下関市長府川端1-2-3 [¥][時][休]境内自由(書院は入館300円、9時〜16時30分受付、無休、行事時は休みの場合あり) [交]バス停城下町長府から徒歩10分 [P]18台 [MAP]P99左中

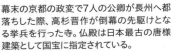

常設展示のほか、幅広い資料を展示する
特別展示も開催される

観光会館でおみやげ選び

「ふくの関 長府観光会館」ではみやげ販売のほか、各種観光パンフレットの配布、レンタサイクル（1日500円）も行っています。
☎083-246-1120 **MAP**P99右上

3 しものせきしりつれきしはくぶつかん
下関市立歴史博物館

幕末維新期を中心に下関を知る

「海峡に育まれた下関の歴史と文化」をメインテーマとし、長府毛利家の遺品や幕末維新の資料など約2万点を収蔵している博物館。坂本龍馬ゆかりの品も数多く、龍馬起草の『新政府綱領八策』も収められている。

☎083-241-1080 **住**下関市長府川端町2-2-27 **¥**常設展・企画展 各210円（特別展は別料金）**時**9時30分〜17時（入館は〜16時30分）**休**月曜（祝日の場合は翌平日）**交**バス停城下町長府から徒歩10分 **P**26台 **MAP**P99中央

徒歩3分

5 ちょうふていえん
長府庭園

約3万㎡の美しい日本庭園

広大な敷地は長府毛利藩の家老格・西運長の屋敷跡。小高い山を背にして、風流な廻遊式庭園が広がっている。桜に孫文蓮、紅葉と四季折々の庭園美を楽しみたい。

☎083-246-4120 **住**下関市長府黒門東町8-11 **¥**入園210円 **時**9〜17時 **休**12月28日〜1月4日 **交**バス停市立美術館前から徒歩3分 **P**225台 **MAP**P99右下

①池を中心に書院、茶室などが点在。お気に入りの角度を探そう ②緑に囲まれた庭園には滝などもあり趣深い ③孫文から贈られた孫文蓮は7月上旬〜8月上旬が見頃

色とりどりの食材が並ぶ人気の豆皿定食1562円

4 まがさん
マガサン

下関のおいしいものが集結

下関のご当地食材や、暮らしのアイテムの企画・販売を手がけるセレクトショップ。落ち着いた造りの店内ではランチも味わうことができる。

☎083-242-2373 **住**下関市長府南之町6-5-1階 **時**10時〜16時30分LO **休**火曜 **交**バス停城下町長府から徒歩3分 **P**共同駐車場利用 **MAP**P99中上

📖 長府の街の土塀の中でも古江小路と横枕小路（**MAP**P99中上）は一番"絵になる"スポットです。カメラをお忘れなく。

下関からひと足延ばして ● 城下町・長府をそぞろ歩き

99

長府で見つけた
個性派カフェ＆雑貨屋さん

古き良き街並みが残る城下町・長府では、あちこちにセンスのよい店が点在しています。
どこも静かで落ち着く空間なので、散策途中の休憩がてら寄り道してみませんか？

そうざえもん ばい たかだこーひー
SOU/ZAEMON by TAKADA COFFEE

珈琲とスイーツで心安らぐひとときを

毛利家の補佐役・福原家の屋敷をリノベーションした武家屋敷カフェ。日本家屋ならではの内装に現代のデザインが調和する洗練された空間が広がる。庭の緑を眺めながら味わうコーヒーは格別の一杯。ブレンドコーヒーは748円。☎083-242-0950 ⓗ下関市長府侍町1-2-39 ⓣ10〜17時 ⓗ水曜 ⓣバス停城下町長府から徒歩5分 ⓟなし ⓂⒶⓅP99左中

1 風格ある門構えをくぐると珈琲の香りが漂う非日常空間へ 2 自家製ペーストの珈琲屋のモンブラン（935円〜）も人気

おすすめメニュー

**珈琲屋の
チーズケーキ 825円**
焙煎人が珈琲とスイーツの相性を追求。濃厚でトロっと滑らかな一度食べたら忘れられない味に!

ひと休みなら

ランチなら

**珈琲屋のハーフ&ハーフ
curry 1760円**
2種類の味が楽しめるフレンチシェフとのコラボカレー

あんてぃーくあんどおーるでぃーずきっさしつ
Antiques&Oldies
喫茶室

森の中のアンティークカフェ

アンティークショップに併設のカフェ。こだわりのプレートやカトラリーで自家製スイーツを味わえる。イタリア製マシンで淹れる本格エスプレッソも美味。店主が揃えた一点もののアンティーク家具や時計も素敵。
☎083-250-5297 ⓗ下関市長府川端2-3-22 ⓣ11時〜16時30分LO ⓗ月・火曜（祝日の場合は翌平日）ⓣバス停城下町長府から徒歩7分 ⓟ3台 ⓂⒶⓅP99左中

1 温暖な時期にはテラス席がおすすめ 2 商品はイギリスやドイツ、フランスなど欧州を中心に各国から仕入れる

高台に位置し、静かで落ち着いた雰囲気

おすすめメニュー

ランチなら
**スモークサーモン
ベーグル 単品740円**
もっちりベーグルの中にトロトロ食感のスモークサーモンが!

ひと休みなら
**焼きバナナ
680円**
あつあつのバナナに香ばしいカラメルソースが絡む

地元っ子に人気の パティスリー

自然素材を生かした創作ケーキが常時20種類以上並ぶ「菓子の蔵でせえる三好」。和栗のモンブラン453円などが人気で、蔵をイメージした店内はイートインもOKです。火曜定休。

☎0120-04-3448 **MAP** P99中上

手作りハウス TONTON
てづくりはうす とんとん

ぬくもりのある布雑貨専門店

パッチワーク仕立てのバッグ、やわらかな感触のホームウェアの数々。古布から現代布までさまざまな生地で手作りした雑貨が並ぶ。反物を使った服や雑貨のオーダーメイドも可能。

☎083-246-3070 下関市長府惣社町2-35 ⏰10時30分～17時 休月曜（祝日の場合は不定休）、日曜・祝日不定休 交バス停城下町長府から徒歩5分 P2台 **MAP** P99中上

▲麻生地やコットン生地など、数多くのファブリックをラインナップ

木を基調としたログハウス風の店舗

かわいい小物発見

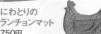

にわとりの ランチョンマット
750円
キルト生地のキュートなランチョンマット。色違いあり

ティッシュボックス
1300円
麻生地に木の実モチーフが! 手元に置いているだけでハッピーになれそう

子供 椅子
1500円
ご主人の手作りチェア。角の美しい丸みが丁寧な仕事ぶりを物語る

雑貨屋 Donq-Ponq
ざっかや どんくぽんく

ふんわり包み込まれる快適空間

「やさしい素材感を持つ雑貨が好きなんです」という店主・橋本さんの言葉どおり、手作りの布雑貨や焼物など、やわらかな質感の小物が勢揃い。紅茶などのフェアトレード商品も扱い、店内をゆっくり見てまわるだけでも楽しい。

☎083-292-1800 下関市長府川端2-3-19 ⏰日曜、祝日11～17時 休月～土曜 交バス停城下町長府から徒歩7分 Pなし（近隣に有料駐車場あり）**MAP** P99左中

▲思わずさわりたくなるようなやさしい質感の雑貨が多い

かわいい小物発見

刺繍ブローチ
小 770円～
洋服やバッグのワンポイントに使える手作り品

かぎ針編みの小さなサボテン
小 770円～、大 990円～
デスクや窓辺などにちょこんと置くと素敵なアクセントに

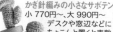

ガーゼハンカチ
小 330円、大 440円
市内在住の消しゴムはんこ作家さんの手作り。はんこのワンポイント付き

笑山寺門前の静かな一角に立地する

右端縦書き：下関からひと足延ばして ●個性派カフェ&雑貨屋さん

 「SOU/ZAEMON by TAKADA COFFEE」に隣接するショップでは、珈琲豆の挽き売りやスイーツなどを販売しています。

101

平家最期の合戦
壇ノ浦の戦いって？

「壇ノ浦の戦い」という言葉を、聞いたことがない人はほとんどいないはず。
平家の滅亡が決定的になったこの戦いの背景とゆかりのみどころをご紹介します。

火の山公園から壇之浦と関門海峡を望む

◆平家の歩み◆

平治元年 (1159)
平治の乱で源義朝を破った平清盛が武家の棟梁に。

治承3年 (1179)
清盛、後白河法皇の側近を排除し院との対立が深まる。

治承4年 (1180)
頼朝挙兵。平家は大敗北し、翌年清盛は熱病で死去。

寿永2年 (1183)
維盛ら平家一門、安徳天皇を奉じて都落ち。

寿永3年 (1184)
一ノ谷で平家大敗。忠度、敦盛ら有力武将が討死。

元暦2年 (1185)
義経が屋島を奇襲し、平家は彦島へ落ち延びる。

元暦2年 (1185)
壇ノ浦の戦いで敗北。平家滅亡。

壇ノ浦の戦いのいきさつは？

Q そもそも平家って？
桓武天皇の子孫で「平」の姓を賜った一族。同じく清和天皇の血を引く源氏とは、長らくライバル関係にあった。12世紀半ばには、平家の権力が源氏をはるかに凌駕、栄華を極めることに。

Q なぜ源氏と争った？
保元・平治の乱 (1156年・1159年) では、源氏は摂関家、平家は上皇側で刃を交えた。それ以後、さまざまな抗争や権力争いを繰り返すうえで、両陣営に強いライバル関係が芽生えることとなった。

Q 平家と壇之浦のつながりって？
中国との貿易で栄え、瀬戸内海の制海権を握っていた平家にとって、下関の彦島や壇之浦は重要な拠点だった。追い詰められた平家が最後に源氏を迎え撃ったのも、ここ下関の地だった。

Q 壇ノ浦の戦いの結果は？
戦力は源氏800艘に対して平家500艘。当初は平家が優勢に戦いを進めたが、潮の変化で源氏が一気に攻勢に。敗色が濃くなると、平家の諸将や安徳天皇は入水。壇之浦で平家は滅亡を迎えた。

壇ノ浦の戦いの主な登場人物

平知盛 (たいらのとももり)　清盛をさき平家を率いた豪傑
平清盛の四男。壇ノ浦の戦いでは平家の総大将を務めるも敗退。入水に当たって、碇を担いだとも鎧を2枚着て重しにしたともいわれる。みもすそ川公園の像は、その「碇知盛」の姿をモチーフにしている。

源義経 (みなもとのよしつね)　「八艘飛」の伝説を残す
源氏の総大将。各地で平氏を破り、下関の地まで追い込む。壇ノ浦の戦いでは、敵船の漕ぎ手を射る作戦で優勢に立った。平教経が単身乗り込んできた際、「八艘飛」で逃れた逸話は有名。

安徳天皇 (あんとくてんのう)　悲哀に満ちた幼き天皇
第81代天皇で合戦時にはわずか8歳。祖母・平時子 (二位尼) に抱かれて、三種の神器の一つ「草薙剣」とともに入水した。その霊は赤間神宮に祀られている。

📷 平家にまつわる
壇之浦のみどころ

関門海峡を挟む両岸には、壇ノ浦の戦いにまつわる場所が多数点在する。

1 海に向かって立つ水天門は竜宮城を模した造り 2 芳一堂に置かれた芳一像。逸話どおり耳が欠けている

下関
あかまじんぐう
赤間神宮
安徳天皇をお祀りする

関門海峡を見下ろす場所にあり、御祭神は合戦で入水した安徳天皇。境内には平家一門の墓・七盛塚や、平家物語の怪談で知られる「耳なし芳一像」を安置したお堂などがある。

☎083-231-4138 🏠下関市阿弥陀寺町4-1 🎫拝観無料（宝物殿は入館100円） 🕐宝物殿9～17時 🈳無休 🚌バス停赤間神宮前からすぐ Ⓟ40台 MAP P97C1

1 下関市内屈指の桜の名所。晴れた日には小倉の街まで見通せる

下関
ひのやまこうえん
火の山公園
合戦の舞台を一望できる

関門海峡を望む高台の公園。展望台などが整備され、早鞆の瀬戸など合戦の舞台を眼下に望める。

☎083-231-1933（下関市公園緑地課） 🏠下関市みもすそ川町 🎫入園無料 🕐8時～23時30分 🈳無休 🚌JR下関駅からサンデン交通バス国民宿舎前行きで15分、火の山ロープウェイ下車、火の山ロープウェイで4分、下車後徒歩2分 Ⓟ317台 MAP P96B1

勇壮な雰囲気を漂わせる源義経像と平知盛像

下関
みもすそがわこうえん
みもすそ川公園
決戦の海が間近に迫る

関門橋の真下、壇ノ浦の戦いの主な合戦場だった早鞆の瀬戸横にある公園。園内には源義経と平知盛の像が立つ。ここは、幕末の攘夷戦で外国船を砲撃した砲台跡でもある。

☎083-231-1838（下関市観光施設課） 🏠下関市みもすそ川町1 🎫🕐散策経由 🚌JR下関駅からサンデン交通バス国民宿舎前行きで12分、御裳川下車すぐ Ⓟなし MAP P96B1

写真：Takumi Ota

門司
めかりじんじゃ
和布刈神社
戦いに向けた平家決起の地

壇ノ浦の戦いの前に、平家一門が戦勝を祈願して祝宴を催したとされる神社。約1800年前、神功皇后が現在の朝鮮半島である三韓征伐に向かい勝利した際に報賽の思召をもって創建された。

1 2 ご祭神は瀬織津姫。潮の満ち引きを司るという「導きの神様」

☎093-321-0749 🏠北九州市門司区門司3492 🎫🕐境内自由 🚌JR門司港駅から西鉄バス和布刈行きで11分、和布刈神社前下車すぐ Ⓟ40台 MAP P96C2

これしよう！
**ロマンチックな
夜景を見よう**
港町に光り輝く夜景は必見。
展望室から船上からと楽し
み方もいろいろ（☞P116）。

これしよう！
**異国情緒漂う
レトロ建築巡り**
門司港レトロ地区周辺に
は、モダンな洋風建築の
建物がズラリ。計画的に巡
ろう（☞P106）。

これしよう！
**ノスタルジックカフェで
ほっとひと息**
街の歴史とともに歩んだレ
トロなカフェは、門司港さ
んぽの休憩にぜひ訪れて
（☞P112）。

スパイスが効いた
名物・焼きカレー
は必食

レトロな街並みが続く港町

門司港

もじこう

バナナ叩き売り発
祥の地にちなんだ
バナナスイーツも

こんなところ

関門海峡を挟んだ下関の対岸に広がる福岡
県の港町で、古くから海運の要衝として栄
えた。旧門司税関（☞P106・109）や旧大阪
商船（☞P107・109）など、往時の建築物が
多数残る門司港レトロ地区が観光の中心エ
リア。旅を締めくくる美しい夜景も必見。

access

| 下関（唐戸桟橋） |
| 関門汽船
関門連絡船
5分 |
| 門司港（門司港桟橋） |

| 門司港駅 |
| JR鹿児島本線・
普通　7分 |
| 門司駅 |

☎093-321-4151（門司港レト
ロ総合インフォメーション）
広域MAP 折込裏A7

～門司港　はやわかりMAP～

門司港駅に着いたら
門司港観光案内所へ
門司港観光案内所は
JR門司港駅を出て道路
を渡った旧門司三井倶
楽部1階にある。☎093-
321-4151（門司港レトロ
総合インフォメーション）

JOYiNT門司港へ↑　ノーフォーク広場駅へ↑　和布刈公園へ↑

門司港レトロ展望室

門司港レトロ地区 1

旧門司税関

出光美術館駅

門司港

下関唐戸桟橋へ↓

関門汽船

プレミアホテル門司港

海峡プラザ東館

門司港レトロクルーズ
乗り場

海峡プラザ西館

鎮西橋公園

鎮西橋

3

門司港桟橋

マリンゲートもじ

旧大阪商船

旧門司三井倶楽部

港町

下関ICへ→

**トロッコ列車
北九州銀行レトロライン
「潮風号」に乗ろう**
九州鉄道記念館駅〜関
門海峡めかり駅間を懐か
しいトロッコ列車が運行。
☎093-331-1065（平成筑
豊鉄道門司港事業所）　¥
片道300円　🕐土・日曜、祝
日（春・夏休み、GWは毎日）
運行予定　※HPを要確認

旧JR九州本社ビル

門司港駅前
自転車駐輪場

門司港局

新海運ビル

門司港駅

門司港駅前
観光案内所

198

門司港駅入口

門司港郵便局前

西海岸 2

九州鉄道記念館駅

桟橋通り

25

門司ICへ

小倉へ↓

198

港湾合同庁舎前

観光のヒント
🚌
**レトロ建築をぐるっと
まわって半日以上**
建築群は近隣に密集している
ため、スポット間の移動は少なめ。た
だし、みどころが多いため、網羅す
るには半日〜1日を予定したい。

新下関駅へ↑　山陽本線　↑下関ICへ
191　門司港IC

下関駅　拡大図左上

下関　P.84

山口県
関門海峡　3　門司港IC

3km　門司港駅　関門　福岡県
小倉駅へ↓　高野 ICへ　↓新門司ICへ

小倉へ↓

小倉駅へ↓

門司駅へ↓

0　100m　N

門司港

0　100m

→注目エリアはコチラです

1 門司港レトロ地区
もじこうれとろちく

門司港の入り江を囲むように、旧
門司税関などのレトロ建築が集
まる。歴史の息吹きを感じる建築
物は眺めているだけでも楽しい。

2 西海岸
にしかいがん

新海運ビル（☞P107）をはじ
め、レトロビルにオシャレなカフェ
や雑貨店が揃う。海沿いのプロム
ナードをさんぽするのもいい。

観光に便利な乗り物
🚲

レンタサイクル

門司港レトロ展望室前の
「JOYiNT門司港」で貸
じょいんともじこう
し出し。電動アシスト自
転車などをレンタルで
きる。受付で料金を払えばすぐに使用
可能。☎093-321-2272（JOYiNT門司港）
¥1日800円　🕐10〜17時　🈳無休
MAP P119B1

レトロな建築巡りが楽しい
門司港をおさんぽ

散策所要
4時間

まるで外国にいるような非日常感を味わえる門司港の街並み。
レトロ建築を眺めつつ、疲れたらカフェでのんびりひと休み。マイペースに巡りましょう。

START! **JR門司港駅**

徒歩
5分

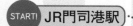

① きゅうもじぜいかん
旧門司税関

港沿いに立つ赤レンガの洋館

明治45年（1912）築の歴史ある赤レンガ
の建造物。屋根は瓦葺きで御影石による
装飾が美しい。上階の展望室からは美し
い関門海峡を望める。

☎093-321-4151（門
司港レトロ総合インフォメ
ーション）🏠北九州市門
司区東港町1-24 💴入
館無料 🕘9〜17時 🈺
無休 🚋JR門司港駅から
徒歩5分 🅿なし
MAP P119B2

❶上階の窓からは、海の向こうに下関の街が見える ❷館内には
どこか懐かしい雰囲気の赤レンガの壁が ❸昭和初期まで税関
庁舎として使用されていた

徒歩
5分

徒歩すぐ

❶期間限定の白桃生
クリームカスタード
700円 ❷関門海峡を
目の前にしたテラス席

② かふぇ ど そる もじこう
cafe de SOL 門司港

断面萌えなふわふわパンケーキ

テイクアウトできるパンケーキサンドの断面が
美しいと人気のカフェ。定番のバナナ、ミカン、
キウイ、パインのほか旬のフルーツを使用す
る期間限定メニューも登場。

☎093-321-0120 🏠北九州市門司区港町9-4 🕘11
〜17時 🈺無休 🚋JR門司港駅から徒歩2分 🅿なし
MAP P119A2

③ きゅうもじみついくらぶ
旧門司三井倶楽部

瀟洒なかつての社交倶楽部

かのアインシュタイン博士夫妻も宿
泊したことがあるという、三井物産
のかつての接客・宿泊施設。大正
10年（1921）に建築され、平成7年
（1995）に現在の場所に移築。2階
には門司出身の作家・林芙美子の
資料室もあり、1階はレストランやイ
ベントホールとして使用されている。

徒歩
2分

☎093-321-4151（門司
港レトロ総合インフォメーシ
ョン）🏠北九州市門司区
港町7-1 💴2階のみ入館
150円 🕘9〜17時 🈺無
休 🚋JR門司港駅からすぐ
🅿なし **MAP** P119B3

※2023年3月（予定）まで
工事のため休館（レストラ
ンは営業）

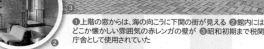

❶1階の和洋レストラン 三井倶楽部（☞P111）
❷国の重要文化財でハーフティンバー様式の建物

観葉植物やリースなども購入できる

雑貨店が集まるレトロビルへ

西海岸にある築80年超の木造3階建て「新海運ビル」は、雑貨店やカフェが集結。おみやげ探しにぴったりです。
☎093-331-1383(太陽新海運ビル)
MAPP119A3

※掲載商品はほとんどが一点ものなので売り切れの場合もあります。

⑤ あるぶる Arbre

※2022年9月～2023年9月(予定)は、九港ビルが工事中のため駐車場の仮店舗にて営業

稀少な品が眠る"森"の中へ

明治・大正時代のガラス製品をはじめ、国内外から仕入れた貴重なアンティークの品を販売。店名はフランス語で「木」の意味。植物が飾られたおしゃれな店内でお気に入りの一品を探してみよう。
☎093-331-0087 🏠北九州市門司区西海岸1-4-13九港ビル1階 🕐12～17時 休日～水曜
🚉JR門司港駅から徒歩3分 🅿なし
MAPP119A3

徒歩5分

アンティーク電気スタンド
1台 8000円～
アメリカで使用されていた数十年ものの電気スタンド。インテリアにも最適

アメリカのアンティークリング
1個 2000円～
大きめのクリアストーンをあしらった大胆なデザインに、根強いファンが多い

大正プレスガラス
1個 2000円
突き抜けるような鮮やかなブルーは、大正時代ならではの色使いとか

徒歩7分

①ワッフルにジェラートやナッツなどがマッチしたチョコバナナワッフル1200円 ②氷いちごみるくドリンク900円

④ きゅうおおさかしょうせん 旧大阪商船

優美な八角形の塔屋が印象的

大正6年(1917)に建てられた大阪商船門司支店を修復したもの。オレンジとグレーのコントラストが美しい建物内には、多目的ホール、「わたせせいぞうギャラリー」などがある。

☎093-321-4151(門司港レトロ総合インフォメーション) 🏠北九州市門司区港町7-18 💴入館無料(ギャラリーは入場150円) 🕐9～17時 休無休(ギャラリーは年2回) 🚉JR門司港駅から徒歩2分 🅿なし **MAP**P119B2

①北九州市出身の漫画家・イラストレーターである、わたせせいぞう氏の作品を展示 ②大陸航路の待合室として賑わった往時を偲ばせる

⑥ ぶらすもじこう ブラス門司港

海も街並みも見渡せる

ビルの3階にあり、海峡と周辺のレトロな街並みを一望できる雑貨&カフェ。空と海を眺めながら多彩なスイーツを味わえる。おしゃれなヴィンテージ雑貨が並ぶ店内は見ているだけでも楽しい。

☎090-3196-5232 🏠北九州市門司区西海岸1-4-7門司港センタービル302 🕐13～22時 休不定休(2022年7月現在、予約中心に営業) 🚉JR門司港駅から徒歩1分 🅿なし
MAPP119A3

雑貨は1940～70年代の欧米雑貨が中心で、どれも一点もの

レトロでステキ!

徒歩3分

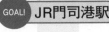

GOAL! JR門司港駅

📖 門司港レトロ地区と下関地区の街中に散らばるカンモンハート。この9個のハートマークは見つければ見つけるほど幸せになれるとか。

どうして門司港には
レトロな建物が多いの？

門司港レトロ地区には、なぜ素敵な洋館が集中しているのか。
街の歴史を復習して、知られざるヒストリーに迫ってみましょう。

Before
昭和14年（1939）ごろの桟橋通りの様子
（写真提供／北九州市門司港レトロ課）

Now
北九州銀行門司支店（当時は横浜正金銀行門司支店）が今も残る

{日本屈指の国際港から観光都市へ
門司の長い歴史をひも解く}

九州鉄道関連の
みどころ

九州鉄道記念館
九州で活躍した歴代名車両の実物や大パノラマの鉄道模型など貴重な鉄道文化遺産にふれて楽しめる（☞P114）。

JR門司港駅
大規模な改修工事を経て、大正3年（1914）創業当時の姿に蘇った国の重要文化財。ネオ・ルネサンス様式の西洋風な木造2階建て駅舎には、カフェやレストランも設置されている。
☎093-321-8843
MAPP119A3

九州の玄関口として
明治・大正時代に急発展

門司港の開港は明治22年（1889）。大陸貿易の拠点として官庁や金融機関が集まり、外航客船も数多く寄港するようになった。明治24年（1891）には九州鉄道が開業（門司〜玉名間）。たちまち横浜・神戸と肩を並べ、日本三大港といわれるほどの急成長をみせる。街には洋風ビルが続々と誕生し、付近には最盛期で30以上もの料亭が軒を連ねた。しかし戦後、大陸貿易が途絶え、隣の大里駅（現在の門司駅）に関門鉄道トンネル（昭和10年代開通）が接続したことで、港湾都市・九州の玄関口としての位置付けは急速に低下してしまう。

衰退期を乗り越えて
一大人気観光地に変身

日本全体が戦後の特需に沸く一方で、衰退を続ける門司港の近代レトロ建築群は、忘れられたかのように取り残されることとなった。この状況を打開したのが、昭和63年（1988）に北九州市が打ち出した「ルネッサンス構想」だ。貴重な建築群と港の美しい景観を生かし、「門司港レトロ」を合言葉に再開発に着手した。レトロビルの観光整備や街並み保全、PR企画などに奔走を続けた結果、今や年間240万人の観光客を集めるまでに成長。対岸の下関とあわせ、西日本を代表するメジャー観光地へと変貌を遂げた。

港の反映を物語る
みどころ

門司港レトロ地区
門司港周辺のレトロ建築が集う一角。国土交通省の都市景観100選にも選ばれている。夜には各所がライトアップされる。
🚃JR門司港駅からすぐ

関門海峡ミュージアム
（海峡レトロ通り）
関門海峡の歴史や文化などを紹介する体験型博物館。大正時代の門司港を再現したブースや貴重な資料の展示なども。☎093-331-6700 **MAP**P96C3

「門司港レトロ地区」で現役で活躍する建物

明治～大正時代に建てられた歴史的建築物のほか、
レトロな街並みを構成する趣深い建物が街中にたくさん！

旧門司税関

- ●建築年
明治45年（1912）
- ●現在は
休憩室、資料展示
室など
MAP P119B2

旧門司三井倶楽部

- ●建築年
大正10年（1921）
- ●現在は
和洋レストラン 三井倶
楽部（☞P111）、資料
室など ※2023年3月（予
定）まで工事のため休館
（レストランは営業）
MAP P119B3

大連友好記念館

- ●建築年
平成6年（1994）
- ●現在は
大連市紹介コーナ
ー、中国料理 大連
あかしあなど
MAP P119B2

旧大阪商船

- ●建築年
大正6年（1917）
- ●現在は
わたせせいぞうギ
ャラリーなどがあ
る
MAP P119B2

NTT門司電気通信レトロ館

- ●建築年
大正13年（1924）
- ●現在は
電話の歴史を紹介
する博物館
MAP P119C1

門司郵船ビル

- ●建築年
昭和2年（1927）
- ●現在は
オフィスが入って
いる
MAP P119B3

ホーム・リンガ商会

- ●建築年
昭和37年（1962）
- ●現在は
株式会社ホーム・
リンガ商会
MAP P119B2

北九州銀行門司支店

- ●建築年
昭和9年（1934）
- ●現在は
株式会社北九州銀
行
MAP P119B3

旧JR九州本社ビル

- ●建築年
昭和12年（1937）
- ●現在は
建物内部は非公開
MAP P119B3

当時の生活風景が残る路地裏へ

過去にはたくさんの人が往来した門司港レトロ地区の山の手側にも、
当時の面影を残す街並みが残っている。

昔の栄華を
感じる

清滝路地裏
（きよたきろじうら）

山の手のこの一角には、明治から大
正の最盛期には30軒以上もの料亭
がひしめいていた。多くの文人が訪れ
た歴史ある旧料亭建屋「三宜楼」（☞
P118）などが今も残る。

🚶JR門司港駅から徒歩8分 **MAP** P119B4

古い街並みは
情緒あり

錦町界隈
（にしきまちかいわい）

木造の古い建物が残り、下町情緒に
包まれたエリア。まるで時が止まった
ような雰囲気だ。なお、現在は住宅
地なので、散策の際は迷惑にならな
いように十分注意を払いたい。

🚶JR門司港駅から徒歩8分 **MAP** P119C3

門司港 ●【ふむふむコラム】どうして門司港にはレトロな建物が多いの？

🍴 門司港

そろそろお昼どき、個性的な 洋食ランチが気になります

異国情緒が漂う門司港界隈には、個性的な洋食店がたくさんあります。
門司港を訪れたなら、ちょっと小粋な洋食をランチで味わってみてはいかが？

有機野菜たっぷりの
健康メニュー

**カレーグラタン
セット 1870円**
大豆、昆布、コンニャク、揚げた餅が入るなど具だくさん、プチデザートとドリンク付き

門司港レトロ地区
ようぜんさぼう にしき
洋膳茶房 にしき

素材と味にこだわる隠れ名店

地元農家から届く減農薬野菜と農薬不使用の県産米による洋食が魅力の店。約40年前の創業以来の人気メニュー・カレーグラタンは、白米に自家製カレーソースがよく絡む。

☎093-321-2602 🏠北九州市門司区港町2-17 ⏰12～14時LO、17時30分～19時30分LO（夜は要予約）🈲月・火曜（祝日の場合は営業）🚃JR門司港駅から徒歩5分 🅿2台
MAP P119C3

かつては料亭だっただけに、温かな
中にも趣が漂う

西海岸
おうさまのたまご
王様のたまご

新鮮で安心な地元産卵を使用

店名のとおり、卵へのこだわりはひとしお。福岡県内の養鶏所から仕入れた新鮮な卵のみを使用し、オムライスを中心としたメニューを提供する。海側のテラス席はペット連れでもOK。

☎093-321-0120 🏠北九州市門司区港町9-4 ⏰11～20時LO（売り切れ次第終了）🈲不定休 🚃JR門司港駅から徒歩2分 🅿なし
MAP P119A3

外のテラス席では関門海峡を
眺めながら食事を楽しめる

玉子がふわっふわ！
ソースとの相性抜群

こちらもオススメ

**シーフード焼きカレー
1150円**
エビのグリルが香ばしい具だくさんの贅沢な焼きカレー

**ハンバーグ
オムライス
1180円**
定番人気メニューのデミグラオムライスに、自家製ハンバーグをトッピングしたボリューミーな一品

野菜の甘さとスパイス
の辛みがマッチ

地元グルメをお持ち帰り♪
門司港発祥の焼きカレーを「プレミアホテル門
司港」のシェフが監修したレトルト焼きカレー
648円。気軽にホテルメイドの味を楽しめる。
☎093-321-1111(プレミアホテル門司港)
MAPP119B2

スーパー焼き
カレー **1150円**
(サラダかスープ付き)
22種類のスパイス
を使った焼きカレー
は、プラス220円で
大盛りに

※旧門司三井倶楽部は2023年3月(予定)
まで工事中のため休館(レストランは営業)

門司港レトロ地区
わようれすとらん みついくらぶ
和洋レストラン 三井倶楽部
国の重要文化財でランチを

旧門司三井倶楽部(☞P106・
109)内にあるレストラン。社
交場として使われていたころの格
調高い雰囲気を残す。丼やス
テーキなどのフググルメのほか、
門司港名物の焼きカレーも。

椅子やテーブルなどにも重厚
な歴史を感じる

☎093-332-1000 ⓭北九州市門司
区港町7-1 ⓬11~14時LO、17~20
時LO ⓱不定休 ⓯JR門司港駅か
らすぐ Ⓟ門司港レトロ駐車場269台
MAPP119B3

焼き海鮮カレーライス
セット **1496円**
バナナフライをトッピング。バ
ナナのほのかな甘みがカレ
ーの味を引き立てる

こちらもオススメ

西海岸
ぺあ ふるーつ
BEAR FRUITS
地元民も通う焼きカレーの人気店

牛バラや鶏ガラからとったスープ
に、野菜・果物エキスたっぷりの
ルーを合わせて作る自慢のカレー
ソースは、深みのある味わいが
クセになる。地元っ子はもとより
多くの観光客が訪れる人気店だ。
ビーフ入りスーパー焼きカレーは
1150円(数量限定)、プラス
220~715円でセットにできて、
サラダやスープ、ラッシーを好み
で付けられる。

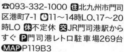
西海岸通り沿いにあり、白を
基調とした清潔感のある店内

☎093-321-3729 ⓭北九州市門司区西海岸
1-4-7門司港センタービル1階 ⓬11時~21時30
分LO(金・土曜、祝前日は~22時30分LO)※予約
不可 ⓱無休 ⓯JR門司港駅から徒歩1分 Ⓟなし
MAPP119A3

トラフグを
フレンチ気分で
味わって

ふくステーキ
セット **1590円**
関門海峡のトラフグ
をステーキで味わえ
る贅沢な一皿。オニ
オンポン酢ソースで
召し上がれ

トロ~リチーズと
香ばしいルーが
絶妙!

カラフルな外観の店なので、す
ぐに見つかる

こちらもオススメ

門司港レトロ地区
かれーあんどすうぃーつ どるちぇ
Curry&Sweets Dolce
焼カレーもケーキも食べたい!

3日間煮込んだ焼カレー880円は、ス
パイシーかつまろやかなルーが独特。
バナナケーキやタルト各350円~など
スイーツも絶品。カフェのみの利用も可。
☎093-321-4700 ⓭北九州市門司区港町
6-12 ⓬9~18時 ⓱火曜、第2水曜(祝日の場
合は営業) ⓯JR門司港駅から徒歩2分 Ⓟなし
MAPP119B3

焼カレー&
ケーキセット
1600円
店自慢の焼カレーと、
お好みのケーキを選
べる。ドリンク付き

自家製スコーン
1個 **200円**
さっくりとした食感がクセ
になるスコーンは週末の
み販売(夏期は販売なし)

門司港 ● 個性的な洋食ランチ

レトロモダンなカフェで
ほっとひと息つきましょう

赤レンガの街並みに溶け込むようにして点在するノスタルジックなカフェ。
それぞれに異なる歴史を歩んできたレトロな一軒で、ブレイクしましょう。

門司港レトロ地区

かふぇ・まちえーる
カフェ・マチエール

散策の合間にひと息

レンガ造りの歴史的な建物・旧大阪商船（☞P107・109）内にあるカフェ。門司港オリジナルブレンドコーヒー510円。メニューの一番人気は焼きバナナのハニートースト。門司港がバナナの叩き売り発祥の地とされることにちなむものだ。

☎093-321-4747 🏠北九州市門司区港町7-18旧大阪商船1階 🕐12〜18時 🈺不定休 🚃JR門司港駅から徒歩2分 🅿なし
MAP P119B2

ココが素敵♥
天井が高いレトロシックな雰囲気。ゆったりとくつろげる。

建物内にはギャラリーなどもある

焼きバナナのハニートースト 650円
サクッとしたトーストに、焼きバナナのホクホク感と冷たいアイスが絶妙にマッチしている。

栄町周辺

ろくようかん
六曜館

地元客に愛されるジャズ喫茶

昼は落ち着いた純喫茶ながら、夜にはジャズやブルースを中心にライブを行うジャズ喫茶。ブレンドコーヒー450円のほか、焼きカレー750円などフードメニューも充実。ライブを楽しみながら味わうコーヒーに地元ファンも多い。

☎080-3224-5227 🏠北九州市門司区栄町3-5 🕐11時30分〜22時 ※状況によって変動あり 🈺水曜、第1・3火曜 🚃JR門司港駅から徒歩5分 🅿なし **MAP** P119C3

ココが素敵♥
週に1、2回ほどのペースでライブを開催。ムーディな音楽が店内に響く。

バナナケーキセット 700円
門司港名物のバナナケーキとコーヒーのセット。香り豊かなコーヒーがバナナの甘みを引き立てる。

昭和レトロでおしゃれな外観

焼きカレーに加え スイーツ類も豊富

門司郵船ビル（☞P109）1階の「門司港茶寮 本館」では、大人の黒焼きカレー1112円などの食事メニューに加え、甘味も充実。門司港ばなな大福（11〜5月限定）1個250円も。
☎093-332-7122 MAP P119B3

> ココが素敵♥
> 格式高くも最先端だった創建当時の面影を残すモダンな内装。

🍴 **門司港ランチ 3800円**
焼きカレーやサラダ、ドリンクなどのセット。焼きカレーは門司港近海でとれた魚介をふんだんに使用。

門司港駅周辺

みかどしょくどう ばい なりさわ
みかど食堂 by NARISAWA
重要文化財の駅舎で名物グルメを

創建当時の門司港駅舎の2階で営業していた洋食レストラン「みかど食堂」を再興。「ワールド50ベストレストラン」に選出され続けているNARISAWAの成澤由浩シェフが監修している。
☎093-321-8321 🏠北九州市門司区西海岸1-5-31 JR門司港駅2階 🕐ランチ11時30分〜14時LO（金・土曜はランチとディナー17時〜18時30分LO）🈳火・水曜 ※HPを要確認 🚉JR門司港駅直結 🅿なし
MAP P119A3

門司港駅舎内にあるのでアクセス抜群

門司港駅周辺

かふぇ ど ぶりっく
Cafe de Brique
料理もお酒も豊富なダイニングバー

旧サッポロビール醸造棟を改装したダイニングバーで、レトロとスタイリッシュが融合したアーティスティックな空間。コース2500円〜、飲み放題90分1500円とリーズナブル。
☎093-371-2600 🏠北九州市門司区大里本町3-6-1 赤煉瓦プレイス内 🕐11時30分〜14時LO、18時〜22時30分LO、バータイム22時30分〜要問合せ 🈳月曜（祝日の場合は翌日）🚉JR門司駅から徒歩2分 🅿なし MAP 折込裏A8

> 店内には実際に使用されていたドイツ製醸造機も

> ココが素敵♥
> 国登録有形文化財の大正2年（1913）竣工のレトロ建築をリノベーション。

現存する赤レンガ建築としては国内最大級を誇る7階建て

🍴 **蒸し野菜と蒸し鶏のダッチオーブンカレー 1200円**
ダッチオーブンで蒸した食材にカレーをかけて。店イチオシのアツアツメニュー。

📖 門司港はバナナの叩き売り発祥の地。現在もイベントの際などに保存会の人たちによる実演が行われることがあります。

洋館巡りにプラスしたい、知識を深めるミュージアム

門司港レトロ地区にある見ごたえたっぷりの美術館や記念館をご紹介。
散策途中で立ち寄って見識を深めよう。

1 車両展示場へ続く中央ゲート 2 九州が舞台の大パノラマ鉄道模型
3 明治42年(1909)に製造された客車の復元展示 4 本館は明治24年
(1891)竣工の旧九州鉄道本社 5 運転を疑似体験できる鉄道運転シミュ
レーター(1回100円) 6 ミニ鉄道を運転できるミニ鉄道公園(1台300円)

門司港レトロ地区
きゅうしゅうてつどうきねんかん
九州鉄道記念館

大人も楽しめる鉄道テーマパーク

旧九州鉄道本社の建物で、九州鉄道の歴
史を紹介。活躍した歴代名車両の実物展
示など貴重な鉄道文化遺産を見られる。

☎093-322-1006 🏠北九州市門司区清滝2-3-
29 ¥入館300円 🕐9〜17時 🏠第2水曜(7月は
第2水・木曜、8月は無休) 🚃JR門司港駅から徒歩3
分 🅿なし MAP P119B4

車両展示場
駅のホームを思わせる展示場では、
九州で活躍した名車両9台を展示。

キハ07形
国の重要文化財。
戦前の代表的な
機械式(クラッチ
方式)気動車

C591号
引退まで地球62
周分を走行。準鉄
道記念物に指定

スハネフ
14-11号
昭和47年(1972)
製造の寝台ブルー
トレイン

クハ
481-603号
九州では「にちりん」
「かもめ」「有明」とし
て活躍した

人気のフォトスポットで
記念撮影を

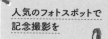

出光美術館駅近くの鎮西橋公園には「mojiko」のモニュメントがあります。丸みを帯びた茶色の文字がレトロな雰囲気で可愛らしく、フォトスポットとして人気です。
☎093-321-4151 **MAP**P119C2

1 モダンながらノスタルジックな雰囲気も感じられるレンガ調の外観 2 3 常設展示はなく、企画展を年5～6回ほど開催

門司港レトロ地区
いでみつびじゅつかんもじ
出光美術館門司

門司港にゆかりのある出光コレクションを展示

出光興産創業者・出光佐三が収集した日本の書画、中国・日本の陶磁器など東洋の古美術品を中心に展示する美術館。「出光創業史料室」も併設している。
☎093-332-0251 **住**北九州市門司区東港町2-3 **¥**入館700円 **時**10～17時 **休**月曜（祝日の場合は開館）**交**JR門司港駅から徒歩8分 **P**門司港レトロ駐車場利用（1時間200円）**MAP**P119C1

1 大正・昭和の豪華客船デッキをイメージしたプロムナードデッキ 2 2～4階を貫く巨大スクリーンで関門海峡の自然や歴史を紹介 3 著名作家による人形で海峡の歴史を再現 4 外観は大型客船をイメージ

門司港レトロ地区
かんもんかいきょうみゅーじあむ
関門海峡ミュージアム

関門海峡の自然や歴史を楽しく学べる

「関門海峡をまるごと楽しむ体験型博物館」をコンセプトに、子どもから大人まで楽しめる設備が充実。海運などの仕事を疑似体験できるゾーンや、大正時代の門司港を再現した街並み「海峡レトロ通り」などみどころ満載。
☎093-331-6700 **住**北九州市門司区西海岸1-3-3 **¥**入館500円 **時**9～17時（最終入館～16時30分）**休**不定休 **交**JR門司港駅から徒歩5分 **P**約180台（1時間200円）**MAP**P96C3

門司港レトロ地区
もじこうびじゅつこうげいけんきゅうじょ
門司港美術工芸研究所

地元作家の海を望むアトリエ

北九州を中心に活動する芸術家たちの創作拠点。館内はオープンアトリエで、創作過程や作品が見られる。
☎093-322-1235 **住**北九州市門司区東港町6-72港ハウス2階 **¥**入館無料 **時**10～17時 **休**月曜（祝日の場合は開館）**交**JR門司港駅から徒歩5分 **P**なし **MAP**P119B1

展望室、クルーズ、レストラン…
きらめく夜景の特等席へようこそ

夜の門司港レトロ地区は、昼間の賑わいを忘れたかのような、ひっそり大人の空間に。自分だけのとっておきの夜景スポットを求めて、夜のおさんぽに出かけましょう。

> 夜のレトロ地区は
> まるで宝石を
> ちりばめたみたい！

昼はこんな感じ！

▲高さ103mの展望室からの眺め。昼間は対岸の下関まで見通せる

展望室から

門司港レトロ地区
もじこうれとろてんぼうしつ
門司港レトロ展望室

眼前に広がる絶景に心酔

名高い建築家・黒川紀章設計の高層マンションの31階から、きらめく門司港レトロエリアの夜景を見下ろせる。3方全面ガラス張りで、遮るものなく夜の絶景を堪能できる。

☎093-321-4151（門司港レトロ総合インフォメーション）⏠北九州市門司区東港町1-32 ¥入館300円 ⏰10〜22時（入館は〜21時30分）休不定休（年4回）🚃JR門司港駅から徒歩5分 Pなし MAP P119B1

◀門司港のランドマーク的存在になっている

恋人の聖地で愛を誓う

日本最長の歩行者専用跳ね橋「ブルーウィングもじ」。つながった橋を最初に渡ったカップルは恋が成就するとか。
☎093-321-4151(門司港レトロ総合インフォメーション) MAP P119B2

足下に灯るフットライトが幻想的

夜景を眺めながら絶品ディナーを

客室から関門海峡を眺めて

門司港 ● きらめく夜景の特等席へようこそ

1門司港レトロナイトクルーズは、約20分間の別世界 23海沿いのウォーターフロントプロムナードからの景色『ブルーウィングもじ』や旧門司税関などがライトアップされている 45プレミアホテル門司港は客室や併設のレストランなどから夜景が楽しめる 6『レストラン陽のあたる場所』の人気メニューが鉄板焼きカレードリア1100円。野菜や牛骨を煮込んで作るフォンドヴォーをルーに加えることで独特のコクが生まれる

船上から | 門司港レトロ地区 1
もじこうれとろくるーず
門司港レトロクルーズ
美しい光が水面を照らす

ナイトクルーズでは門司港の夜景を海から楽しめる。海峡プラザ前の乗り場を出発し、関門海峡を一周する。
☎093-331-0222(関門汽船) 住北九州市門司区港町5-1 料乗船代1000円 時11時~不定時(ナイトクルーズは日没後より運航) 休不定休(潮位により欠航あり) 交JR門司港駅から徒歩3分 Pなし MAP P119B2

西海岸 23 | 遊歩道から
うぉーたーふろんとぷろむなーど
ウォーターフロントプロムナード
ライトアップスポット多数

海沿いに続く遊歩道は、地元っ子がこぞって通う絶好のおさんぽルート。プレミアホテル門司港やブルーウィングもじなどのライトアップを眺めながら散策できる。
住北九州市門司区西海岸周辺 料休散策自由 交JR門司港駅から徒歩3分 Pなし MAP P119B2

門司港レトロ地区 45 | ホテルから
ぷれみあほてるもじこう
プレミアホテル門司港
関門海峡を一望できる

門司港レトロ地区の中心に位置し、散策に便利。雄大な関門海峡の景色と朝食ビュッフェが自慢! ☎093-321-1111 住北九州市門司区港町9-11 料ツインルーム(スタンダードフロア)ルームチャージ7700円~(サービス料込、税別) 時IN15時OUT11時 交JR門司港駅から徒歩3分 P65台(1泊1100円) 室162室 ●1998年3月開業 MAP P119B2

西海岸 6 | レストランから
れすとらんひのあたるばしょ
レストラン陽のあたる場所
7階から夜景を堪能

関門海峡や門司港駅を店内から一望できるイタリア料理店。関門ダコなど、地元の食材にこだわった創作メニューも多用意している。
☎093-321-6363 住北九州市門司区西海岸1-4-3日産船舶ビル7階 時11~14時、17~22時LO(土・日曜、祝日11~22時LO) 休火曜 交JR門司港駅からすぐ Pなし MAP P119A3

冬期の「門司港レトロ浪漫灯彩」(☞P125)では門司港レトロ地区の街路樹にイルミネーションが施され、幻想的な雰囲気に。

117

ココにも行きたい

門司港のおすすめスポット

📷 門司赤煉瓦プレイス
もじあかれんがぷれいす

門司のシンボル的国登録有形文化財

大正2年（1913）築の旧サッポロビール九州工場を保存活用した建物群。平成12年（2000）に新九州工場が竣工されるまで、87年間にわたり門司区の産業を支えた。現在はイベント会場やロケ地などに活用され、人々の憩いの場となっている。**DATA** ☎093-372-0962（門司赤煉瓦倶楽部）🏠北九州市門司区大里本町3-11-11 ⏰施設により異なる 🚃JR門司駅から徒歩5分 🅿150台（500円）**MAP**折込裏A8

レストランや居酒屋、フォトスタジオなどさまざまな店舗が揃う

北九州市門司区麦酒煉瓦館では大正時代のビール瓶やポスターなどを展示（入館料100円）

🛍 門司港レトロ観光物産館 港ハウス
もじこうれとろかんこうぶっさんかん みなとはうす

美味が揃う門司港観光の拠点

1階は、地元の海産物などを販売する「観光市場」や、みやげ物を揃えた「北九州おみやげ館」。焼きカレーや軽食が楽しめる飲食店もある。**DATA** ☎093-321-4151（門司港レトロ総合インフォメーション）🏠北九州市門司区東港町6-72 ⏰9〜18時（店舗により異なる）休不定休 🚃JR門司港駅から徒歩7分 🅿なし **MAP**P119B1

📷 三宜楼
さんきろう

九州最大級の旧料亭建屋

昭和6年（1931）に建てられた木造3階建の旧料亭建屋。かつて政財界の要人たちの社交場として活用されていた。現存のものでは九州最大級の大きさで、当時の繁栄を現在に伝える貴重な文化財。百畳間とよばれる大広間や展示室などが見学できる。**DATA** ☎093-321-2653 🏠北九州市門司区清滝3-6-8 💰見学無料 ⏰10時〜17時 休月曜（祝日の場合は翌日）🚃JR門司港駅から徒歩8分 🅿なし **MAP**P119B4

🍜 Bion
びおん

ナチュラルな店内で手作りお菓子を

フランス地方菓子のお菓子やタルトを提供するカフェ。日本のおいしい素材を香ばしく焼き上げた焼き菓子や旬の果物をたっぷり使ったフルーツタルトが人気。テイクアウトのみでも利用できる。**DATA** ☎093-331-3338 🏠北九州市門司区西海岸1-4-24-101 ⏰12〜17時 休日〜水曜、ほか不定休 🚃JR門司港駅からすぐ 🅿なし **MAP**P119A3

🎵 門司港赤煉瓦ガラス館
もじこうあかれんががらすかん

手作りガラス体験もできる

ベネチアングラスなど世界各国のガラス製品が揃うセレクトショップ。手作りガラス体験はグラスに好きな模様を描くスタイル。☎093-322-3311 🏠北九州市門司区港町5-1海峡プラザ1階 💰体験1個1320円（グラス代別途330円〜）、要予約、所要50分 ⏰10〜18時（体験受付10時30分〜17時）休無休 🚃JR門司港駅から徒歩2分 🅿海峡プラザ駐車場29台 **MAP**P119B2

🍷 CONZE BLANC
こんぜ ぶらん

看板のない欧風レトロなおしゃれカフェ

白を基調とした店内をアンティーク雑貨が飾る上品な店内。ふんわりフォームされたミルクがたっぷりのロイヤルミルクティーは、福岡・八女産茶葉を使用。洗練された空間と見た目も美しいスイーツが門司港散策の休憩にぴったり。**DATA** ☎080-3952-7680 🏠北九州市門司区東本町1-1-26 ⏰11時30分〜18時（変動あり）休不定休 🚃JR門司港駅から徒歩8分 🅿なし **MAP**P119C2

🛍 海峡プラザ
かいきょうぷらざ

多様なショップが入る複合施設

門司港レトロ地区の中心部に立地するショッピングモール。地元の海産物や門司港限定のみやげ物、オルゴールやガラス細工作りを体験できるショップ、焼きカレーなどのご当地グルメを味わえるカフェやレストランがある。**DATA** ☎093-332-3121 🏠北九州市門司区港町5-1 ⏰10〜20時（飲食店11〜22時）休無休 🚃JR門司港駅から徒歩2分 🅿29台 **MAP**P119B2

季節に応じてさまざまなイベントを開催

食べる・買う・遊ぶが満載で、丸一日楽しめる施設。水面に光が反射する夜景もみどころ

「門司港レトロ観光物産館 港ハウス」の近くには、バナナの叩き売り発祥の地にちなんだ黄色いバナナポストがあります。

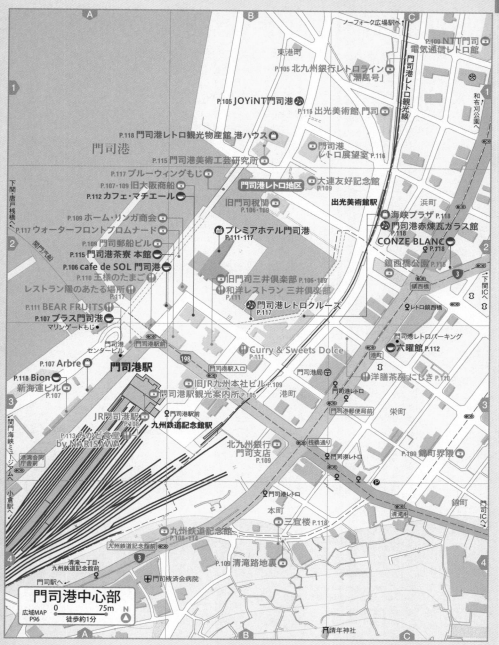

門司港中心部

東港町

P.105 北九州銀行レトロライン
「潮風号」

ノーフォーク広場駅へ

P.109 NTT門司
電気通信レトロ館

門司港レトロ観光線

P.105 JOYiNT門司港

P.115 出光美術館 門司

和布刈公園へ

下関唐戸桟橋へ

P.118 門司港レトロ観光物産館 港ハウス

門司港

P.115 門司港美術工芸研究所

門司港
レトロ展望室 P.116

P.117 ブルーウィングもじ

P.107・109 旧大阪商船

P.112 カフェ・マチエール

門司港レトロ地区

大連友好記念館
P.109

浜町

旧門司税関
P.106・109

海峡プラザ P.118

出光美術館駅

P.109 ホーム・リンガ商会

P.117 ウォーターフロントプロムナード

P.109 門司港郵船ビル

P.115 門司港茶寮 本館

P.106 cafe de SOL 門司港

P.110 玉様のたまご

レストラン陽のあたる場所
P.117

P.111 BEAR FRUITS

P.107 プラス門司港

マリンゲートもじ

関門汽船

門司港
センタービル

門司港駅前

プレミアホテル門司港
P.111・117

旧門司三井倶楽部 P.106・109

和洋レストラン 三井倶楽部
P.111

門司港レトロクルーズ
P.117

門司港赤煉瓦ガラス館
P.118

CONZE BLANC
P.118

鎮西橋公園 P.118

鎮西橋

下関ICへ

レトロ鎮西橋

門司港レトロパーキング

六曜館 P.112

P.107 Arbre

P.118 Bion

新海運ビル
P.107

門司港駅

JR門司港駅
P.108

みかど食堂
by NARISAWA
P.113

関門海峡ミュージアムへ

港湾合同
庁舎前

小倉駅へ

198

門司港駅入口

旧JR九州本社ビル P.109

門司港駅観光案内所 P.105

門司港駅前

九州鉄道記念館駅

港町

門司港局

Curry & Sweets Dolce
P.111

洋膳茶房にしき P.110

門司港レトロ

門司港郵便局前

栄町

北九州銀行
門司支店
P.109

桟橋通り

門司港レトロ

P.109 錦町界隈

錦町

門司ICへ

清滝4

三宜楼 P.118

本町

P.109 清滝路地裏

九州鉄道記念館
P.108・114

九州鉄道記念館前

3

門司港中心部

広域MAP
P96

0   75m

徒歩約1分

N

清滝一丁目・
九州鉄道記念館前

門司駅へ

門司掖済会病院

清年神社

門司港 ● ココにも行きたい 門司港のおすすめスポット／門司港中心部MAP

交通ガイド

萩・津和野・門司港・下関への交通

山陰と山陽側で観光地が分かれて点在するため、交通手段の選択肢はさまざま。
各主要都市からのおすすめアクセス方法をチェックしましょう。

東京からは飛行機利用が早くて便利です

各エリアへのアクセス空港は、山口宇部空港、萩・石見空港、北九州空港の3つ。
いずれも羽田空港からの便が主で、北海道などからは羽田空港での乗り継ぎが必要。

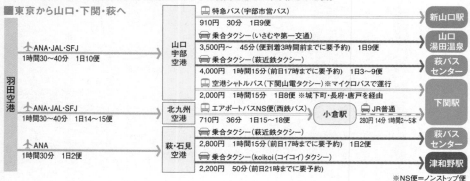

■東京から山口・下関・萩へ

羽田空港

ANA・JAL・SFJ
1時間30〜40分　1日10便
→ 山口宇部空港

- 特急バス(宇部市営バス)
910円　30分　1日9便 → 新山口駅
- 乗合タクシー(いさむや第一交通)
3,500円〜　45分(到着着3時間前までに要予約)　1日9便 → 山口湯田温泉
- 乗合タクシー(萩近鉄タクシー)
4,000円　15分(前日17時までに要予約)　1日3〜9便 → 萩バスセンター
- 空港シャトルバス(下関山電タクシー)※マイクロバスで運行
2,000円　1時間15分　1日8便 ※城下町・長府・唐戸を経由 → 下関駅

ANA・JAL・SFJ
1時間30〜40分　1日14〜15便
→ 北九州空港

- エアポートNS便(西鉄バス)
710円　36分　1日15〜18便 → 小倉駅 → JR普通　280円　14分　1時間2〜5本 → 下関駅

ANA
1時間30分　1日2便
→ 萩・石見空港

- 乗合タクシー(萩近鉄タクシー)
2,800円　1時間15分(前日17時までに要予約)　1日2便 → 萩バスセンター
- 乗合タクシー(koikoi(コイコイ)タクシー)
2,200円　50分(前日21時までに要予約) → 津和野駅

※NS便=ノンストップ便

名古屋・大阪・福岡からは、鉄道とバスを組み合わせて

山陽新幹線を利用し、接続点となる駅でJRやバスに乗り換えるのが便利。
萩バスセンターや東萩駅へは、新山口駅から高速バス「スーパーはぎ」号を利用。

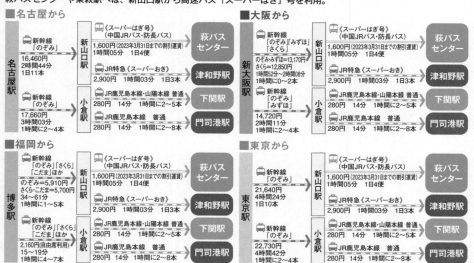

■名古屋から

名古屋駅

新幹線「のぞみ」
16,460円
2時間44分
1日11本
→ 新山口駅
- 《スーパーはぎ号》(中国JRバス・防長バス)
1,600円(2023年3月31日までの割引運賃)　1時間05分　1日4便 → 萩バスセンター
- JR特急《スーパーおき》
2,900円　1時間03分　1日3本 → 津和野駅

新幹線「のぞみ」
17,660円
3時間03分
1時間に2〜4本
→ 小倉駅
- JR鹿児島本線・山陽本線 普通
280円　14分　1時間に2〜5本 → 下関駅
- JR鹿児島本線　普通
280円　14分　1時間に2〜8本 → 門司港駅

■大阪から

新大阪駅

新幹線「のぞみ」「みずほ」「さくら」
のぞみみずほ=13,170円
さくら=12,850円
1時間52分〜2時間08分
1時間に0〜2本
→ 新山口駅
- 《スーパーはぎ号》(中国JRバス・防長バス)
1,600円(2023年3月31日までの割引運賃)　1時間05分　1日4便 → 萩バスセンター
- JR特急《スーパーおき》
2,900円　1時間03分　1日3本 → 津和野駅

新幹線「のぞみ」「みずほ」
14,720円
2時間11分
1時間に2〜4本
→ 小倉駅
- JR鹿児島本線・山陽本線 普通
280円　14分　1時間に2〜5本 → 下関駅
- JR鹿児島本線　普通
280円　14分　1時間に2〜8本 → 門司港駅

■福岡から

博多駅

新幹線「のぞみ」「さくら」「こだま」ほか
のぞみ=5,910円
さくら・こだま=5,700円
34〜61分
1時間に1〜5本
→ 新山口駅
- 《スーパーはぎ号》(中国JRバス・防長バス)
1,600円(2023年3月31日までの割引運賃)　1時間05分　1日4便 → 萩バスセンター
- JR特急《スーパーおき》
2,900円　1時間03分　1日3本 → 津和野駅

新幹線「のぞみ」「さくら」「こだま」ほか
2,160円(自由席利用)
15〜19分
1時間に4〜7本
→ 小倉駅
- JR鹿児島本線・山陽本線 普通
280円　14分　1時間に2〜5本 → 下関駅
- JR鹿児島本線　普通
280円　14分　1時間に2〜8本 → 門司港駅

■東京から

東京駅

新幹線「のぞみ」
21,640円
4時間24分
1日10本
→ 新山口駅
- 《スーパーはぎ号》(中国JRバス・防長バス)
1,600円(2023年3月31日までの割引運賃)　1時間05分　1日4便 → 萩バスセンター
- JR特急《スーパーおき》
2,900円　1時間03分　1日3本 → 津和野駅

新幹線「のぞみ」
22,730円
4時間42分
1時間に2〜4本
→ 小倉駅
- JR鹿児島本線・山陽本線 普通
280円　14分　1時間に2〜5本 → 下関駅
- JR鹿児島本線　普通
280円　14分　1時間に2〜8本 → 門司港駅

◎本書掲載の交通表記における所要時間は目安です。

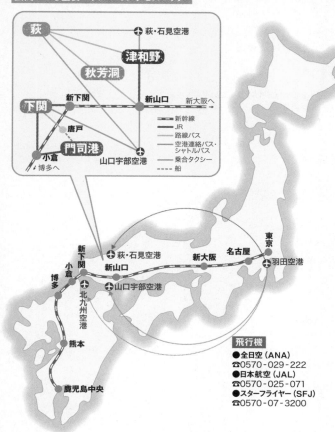

玄関口から主要エリアへのアクセスマップ

（地図内）
萩　津和野　秋芳洞
萩・石見空港
新下関　新山口　新大阪へ
下関
唐戸
小倉
門司港
山口宇部空港

凡例：
━━ 新幹線
━━ JR
──── 路線バス
──── 空港連絡バス・シャトルバス
─ ─ 乗合タクシー
‥‥‥ 船

（日本地図）
東京
羽田空港
名古屋
新大阪
新山口　萩・石見空港
新下関
小倉
博多
北九州空港
熊本
鹿児島中央
山口宇部空港

✈ 飛行機
●全日空 (ANA)
☎0570-029-222
●日本航空 (JAL)
☎0570-025-071
●スターフライヤー (SFJ)
☎0570-07-3200

☎ 問合せ一覧

空港アクセス
●宇部市営バス
☎0836-31-1133
●西鉄バス北九州
☎0570-00-1010
●下関山電タクシー
☎083-231-3419
●いさむや第一交通
☎083-902-0897
●萩近鉄タクシー
☎0838-22-0924
●koikoi (コイコイ) タクシー
☎0856-72-3700

鉄道
●JR西日本お客様センター
☎0570-00-2486
●JR東海テレフォンセンター
☎050-3772-3910
●JR九州案内センター
☎0570-04-1717

高速バス
●近鉄バス
☎0570-001631
●阪神バス
☎06-6411-4111
●JR九州バス
☎092-643-8541
●西鉄バス
☎0570-00-1010
●防長バス
☎0834-32-7733

交通ガイド ● 萩・津和野・門司港・下関への交通

ワンポイント 時間を有効に使えてリーズナブルな高速バスの利用も

出発地	目的地	昼・夜	ルート	問合せ先《バス愛称》	所要時間	ねだん	便数(1日)
東京 から	萩へ	夜行便	東京駅八重洲南口〜萩BC	防長バス《萩エクスプレス》	14時間41分	11,500円〜	1便
	山口へ	夜行便	東京駅八重洲南口〜山口(西京橋)	防長バス《萩エクスプレス》	13時間30分	9,500円〜	1便
大阪 から	萩へ	夜行便	OCAT〜大阪駅前·東梅田〜三宮BT〜萩BC	近鉄バス《カルスト号》	12時間15分	9,200円〜	1便
	津和野へ	夜行便	大阪阪急三番街〜ハービスOSAKA〜津和野駅	阪神バス《サラダエクスプレス》	8時間55分	9,400円〜	1便 ※
	山口へ	夜行便	OCAT〜大阪駅前·東梅田〜三宮BT〜山口(米屋町)	近鉄バス《カルスト号》	11時間04分	7,200円〜	1便
福岡 から	山口へ	昼行便	博多BT〜福岡天神〜新山口駅〜山口駅	JR九州バス《福岡山口ライナー》	4時間05分	3,200円〜	5〜7便
	下関へ	昼行便	西鉄天神高速BT〜唐戸〜下関駅	西鉄バス《ふくふく号》	1時間42分	1,700円〜	14便

◎BC:バスセンター　BT:バスターミナル　　　　　　　　　　　　　　　　　　　　　　　　　　　※2022年7月現在運行中

のりば案内
●OCAT:JR難波駅直結2階(JR難波駅、地下鉄なんば駅、大阪難波駅)
●東梅田:SMBC日興証券大阪支店前(地下鉄谷町線東梅田駅7号出口すぐ)
●大阪·阪急三番街:阪急三番街1階高速バスターミナル(JR大阪駅、阪急梅田駅、地下鉄梅田駅)
●ハービスOSAKA:ハービスENT北側1階(JR大阪駅、阪神梅田駅、地下鉄梅田駅)
●三宮BT:ミント神戸1階(JR三ノ宮駅東口、阪神神戸三宮駅A23出口すぐ)
●博多BT:博多バスターミナル3階(JR·地下鉄博多駅)
●西鉄天神高速BT:ソラリアターミナルビル·福岡三越3階(西鉄福岡(天神)駅、地下鉄天神駅、地下鉄天神南駅)

交通ガイド

萩・津和野・門司港・下関での交通

エリア内のアクセスは山陽新幹線と、それに接続するJR各線や路線バス。
自由にまわるならレンタカー利用がおすすめです。

鉄道とバスでの移動は、運行本数に注意しましょう

山陽の都市間移動は山陽新幹線、山陽〜山陰間はJRの普通列車の利用が主となる。
みどころへのバスや、JRのローカル列車は本数が少ないので、事前に時刻の確認を。
※下図は主要な交通手段のみを抜粋しています。

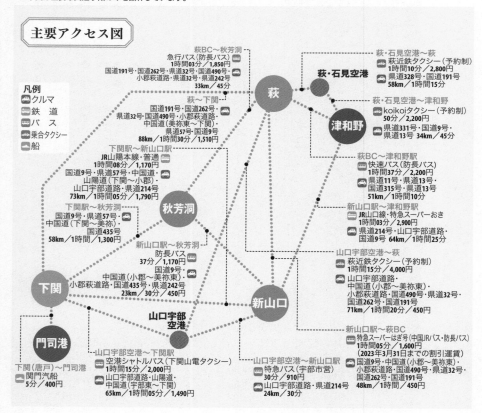

主要アクセス図

萩BC〜秋芳洞
急行バス(防長バス)
1時間03分／1,850円
国道191号・国道262号・県道32号・国道490号・
小郡萩道路・県道32号・県道242号
33km／45分

萩・石見空港〜萩
萩近鉄タクシー(予約制)
1時間10分／2,800円
県道328号・国道191号
58km／1時間15分

萩〜下関
国道191号・国道262号・
県道32号・国道490号・小郡萩道路・
中国道(美祢東〜下関)・
県道32号・国道9号
88km／1時間30分／1,510円

萩・石見空港〜津和野
koikoiタクシー(予約制)
50分／2,200円
県道331号・国道9号・
県道13号 34km／45分

下関駅〜新山口駅
JR山陽本線・普通
1時間08分／1,170円
国道9号・県道57号・中国道・
山陽道(下関〜小郡)・
山口宇部道路・県道214号
73km／1時間05分／1,790円

萩BC〜津和野駅
快速バス(防長バス)
1時間37分／2,200円
県道11号・県道13号・
国道315号・県道13号
51km／1時間10分

下関駅〜秋芳洞
国道9号・県道57号・
中国道(下関〜美祢)・
国道435号
58km／1時間／1,300円

新山口駅〜津和野駅
JR山口線・特急スーパーおき
1時間03分／2,900円
県道214号・山口宇部道路・
国道9号 64km／1時間25分

新山口駅〜秋芳洞
防長バス
37分／1,170円
国道9号・
中国道(小郡〜美祢東)・
小郡萩道路・国道435号・県道242号
23km／30分／450円

山口宇部空港〜萩
萩近鉄タクシー(予約制)
1時間15分／4,000円
山口宇部道路・
中国道(小郡〜美祢東)・
小郡萩道路・国道490号・県道32号・
国道262号・国道191号
71km／1時間20分／450円

山口宇部空港〜下関駅
空港シャトルバス(下関山電タクシー)
1時間15分／2,000円
山口宇部道路・山陽道・
中国道(宇部東〜下関)
65km／1時間05分／1,490円

山口宇部空港〜新山口駅
特急バス(宇部市営)
30分／910円
山口宇部道路・県道214号
24km／30分

新山口駅〜萩BC
特急スーパーはぎ号(中国JRバス・防長バス)
1時間05分／1,600円
(2023年3月31日までの割引運賃)
国道9号・中国道(小郡〜美祢東)・
小郡萩道路・国道490号・県道32号・
国道262号・国道191号
48km／1時間／450円

下関(唐戸)〜門司港
関門汽船
5分／400円

凡例
🚗 クルマ
🚃 鉄道
🚌 バス
🚐 乗合タクシー
🚢 船

萩

萩・石見空港

津和野

秋芳洞

下関

山口宇部空港

新山口

門司港

☎ 問合せ一覧

●JR西日本お客様センター
☎0570-00-2486
●防長バス　山口営業所
☎083-922-2555

●防長バス　萩営業所
☎0838-22-3811
●中国JRバスお客様センター
☎0570-010-666
●石見交通　益田営業所
☎0856-24-0080

●サンデン交通
☎083-231-7133
●関門汽船　門司営業所
☎093-331-0222

レンタカーで気ままにドライブはいかが？

県内の高速道路や国道、県道はいずれもよく整備されており、クルマでの旅も快適。
日本海の美しい海岸線を行く国道191号や、緑の草原と白い石灰岩のコントラストが
美しいカルストロードなど、ドライブすること自体を楽しめる道路も多い。

ドライブ図

- 高速道路
- 有料道路
- 国道
- 一般道路

問合せ一覧

レンタカー予約先
- ●トヨタレンタカー ☎0800-7000-111
- ●ニッポンレンタカー ☎0800-500-0919
- ●日産レンタカー ☎0120-00-4123
- ●タイムズ カー レンタル ☎0120-00-5656
- ●オリックスレンタカー ☎0120-30-5543

道路情報

日本道路交通情報センター
- ●山口情報 ☎050-3369-6635
- ●島根情報 ☎050-3369-6632
- ●中国地方・広島情報 ☎050-3369-6634
- ●中国地方高速情報 ☎050-3369-6769
- ●九州地方・福岡情報 ☎050-3369-6640
- ●九州地方高速情報 ☎050-3369-6771

NEXCO西日本
- ●お客様センター ☎0120-924863
  ☎06-6876-9031

交通ガイド ● 萩・津和野・門司港・下関での交通

交通プラスネタ

火の山ロープウェイ

瀬戸内海国立公園に含まれる下関の「火の山(標高268m)の山肌を行くロープウェイ。ゴンドラからは関門海峡や関門橋が望め、四季の花々が咲く火の山公園全体を見渡せる。また、日本夜景遺産にも認定された夜景も美しい。片道310円(往復520円)。10〜17時(00分、20分、40分発)。運行期間は3月中旬〜11月下旬(運休日あり)。夜間運行日など詳しくは、下関市火の山ロープウェイ☎083-231-1351へ。

関門人道トンネル

下関と門司を結ぶ海底トンネルで1958年に開業。車道と徒歩(人道)が上下に区切られている。全長780mの人道は、歩行者無料(自転車・原付は20円)。両側にはエレベーターが設けられ、トンネルの中ほどには福岡県と山口県の県境の標識がある。このトンネルを利用すれば、和布刈公園(福岡県)と火の山公園(山口県)を歩いて往来することができる。通行時間は、6〜22時。車での通行の場合は車道の関門国道トンネルで、160円が必要。

北九州空港

2006年に開港した北九州空港は、連絡橋によって陸地と結ばれた海上空港である。24時間オープンの空港で、早朝や深夜にも旅客便が運航する。3階展望デッキには足湯(100円)があり、旅の疲れを癒やせるスポットになっている。ターミナルビル内には、北九州・大分・山口などのみやげが揃い、地元グルメも味わえる。出発口には北九州市ゆかりの漫画家・松本零士氏の作品キャラクターの等身大フィギュアもある。

萩・津和野・門司港・下関にまつわる知っておきたいこと

各エリアに関する、旅する前に読んでおきたい本や映画などをご紹介。
おみやげに最適な伝統工芸品やイベント、お国言葉もチェックしておきましょう。

読んでおきたい本

地元出身の作家による一冊や、紹介エリアを舞台にしたミステリーなど、読んでおくと旅気分が盛り上がります。

『コンビニ兄弟―テンダネス門司港こがね村店―』

門司港のコンビニで働くパート店員の楽しみは店長の観察。魔性の店長と超個性的な常連客たちが繰り広げる、心温まるお仕事小説。
新潮社／2020年／町田そのこ／737円

『萩・津和野に消えた女』

西村京太郎の推理シリーズの代表作。萩、津和野で起きた怪事件に翻弄されながら、犯人を追いつめる警部の鬼気迫る展開に注目。
双葉社／2002年／西村京太郎／576円

『津和野』

地元出身の画家が描く故郷の風景は、懐かしく温かみにあふれた空気感が漂う。淡くやさしい色彩で描かれる風景画をまとめた画集。
岩崎書店／1980年／安野光雅／3080円

『耳なし芳一』

小泉八雲原作の名作怪談を、絵本に仕上げた一冊。イラスト中心で描かれているので、物語を知らない人も読みやすい。
小学館／2006年／小泉八雲、さいとうよしみ、舟木裕／1540円

観ておきたい映画

心温まるラブストーリーや歴史モノ映画を鑑賞すれば、街の魅力をさらに深く知ることができるはずです。

『この胸いっぱいの愛を』

20年前の門司（北九州）にタイムスリップ。初恋の人を救うため奔走する物語。
DVD 4180円（税込）発売中／発売元：TBS、発売・販売元：NBCユニバーサル・エンターテイメント／2006年／出演：伊藤英明／監督：塩田明彦

『八重子のハミング』

萩市を舞台に描く、アルツハイマーの妻を支える夫と家族の愛。
DVD 4180円（税込）発売中／発売・販売元：ギャガ／2016年／出演：升毅、高橋洋子／監督：佐々部清
©Team『八重子のハミング』

『カーテンコール』

昭和の映画館の幕間芸人のその後の半生と家族の絆の物語。舞台は下関。
DVD 5280円（税込）発売中／発売元・発売元：バップ／2006年／出演：伊藤歩／監督:佐々部清
©「カーテンコール」製作委員会

『共喰い』

田中慎弥の小説を映像化。下関市を舞台に、血のしがらみに翻弄される少年を描く。
DVD 3800円（税抜）発売中／発売・発売・販売元：アミューズソフト／2013年／出演：菅田将暉／監督：青山真治
© 田中慎弥／集英社・2013『共喰い』製作委員会

ロケ地

歴史ある美しい街では、あの名作が撮られています。ロケ地巡りを楽しむのもおすすめです。

金谷神社（金谷天満宮）

実話を元にした作品「八重子のハミング」の舞台となった神社。前宮司は同作品の著者でもある陽信孝氏。アーチ形の石橋がかかる池や多様な形の石灯籠など、風光明媚な境内は同映画のロケ地にもなっている。
DATA ☎0838-22-3536 MAP P51B4

山口県政資料館

国の重要文化財に指定されている旧県庁舎と旧県会議事堂。旧県庁舎・知事室は、水嶋ヒロ・剛力彩芽が出演した、映画『黒執事』で寝室として使われている。
DATA ☞P56

関門汽船

下関市唐戸と北九州市門司港を結ぶ連絡船などを運航する、市民に馴染み深い海運会社。映画「共喰い」にて、主人公が関門海峡を渡るシーンが撮影された。関門海峡や門司港の名所をめぐる遊覧船なども運航している。
DATA ☞P117

ゆかりの政治家

古くは長州とよばれていたエリアは、日本の中心人物が多数生まれ育ったことでも有名です。

いとうひろぶみ 伊藤博文 1841〜1909年

日本初の内閣総理大臣に就任したことで知られる人物。高杉晋作（☞P25）らとともに倒幕運動にも参加した。
ゆかりの地 伊藤博文旧宅・別邸☞P25

木戸孝允 (きどたかよし) 1833～1877年

藩医の長男として萩で生まれる。旧名は桂小五郎といい、長州藩の対外交渉役を担当し、薩長同盟の締結に貢献。

ゆかりの地 木戸孝允旧宅、萩・明倫学舎 ☞P25

山県有朋 (やまがたありとも) 1838～1922年

下級武士の家に生まれ、松下村塾に入塾。明治維新後は渡欧して兵制を学び、近代陸軍の基礎づくりに尽力した。

ゆかりの地 山県有朋誕生地 **MAP** P51B4

桂太郎 (かつらたろう) 1848～1913年

長州藩士、陸軍軍人を経て内閣総理大臣を3度務めた。総理大臣在任中は、日英同盟の締結などを行った。

ゆかりの地 桂太郎旧宅 ☞P31

ゆかりの文化人

作者の地元で詩や小説などを読めば、さらに作品の世界に引き込まれること請け合いです。

森鷗外 (もりおうがい) 1862～1922年

津和野出身の軍医・小説家。本名は森林太郎。代表作は『舞姫』など。晩年は帝国美術院初代院長も務めた。

ゆかりの地 森鷗外記念館・旧宅 ☞P71

金子みすゞ (かねこみすず) 1903～1930年

明治36年(1903)に仙崎で誕生。彼女の詩には、地元の風景を詠んだものも多く、どれも愛らしい文体が特徴。
写真提供：金子みすゞ著作保存会

ゆかりの地 金子みすゞ記念館 ☞P60

中原中也 (なかはらちゅうや) 1907～1937年

湯田温泉で生まれた近代詩人。短い生涯の中で『汚れっちまった悲しみに……』などの優れた作品を残した。

ゆかりの地 中原中也記念館 ☞P59

イベント・祭り

地元特産品を紹介する祭りや、街がきれいな照明で照らされるイベントなど、時期を合わせて訪れましょう。

2月3日 節分祭

立春の前日に挙行される祭り。殿内では鬼やらいの豆まきが盛大に行われ、辺りは歓声に包まれる。

☎0856-72-0219
場所 太皷谷稲成神社(☞P71)

5月中旬 萩・夏みかんまつり

かんきつ公園ではステージイベントが行われるほか、夏みかん加工品の販売、夏みかん絞り体験などを実施。

☎0838-25-3139
(萩市観光課) **MAP** P51A4

例年7月20・27日 鷺舞

天文11年(1542)、京都から山口に伝わった鷺舞を伝習させたのが由来。国の重要無形民俗文化財に指定。

☎0856-72-0652 (津和野町商工観光課)
場所 弥栄神社(**MAP** P81B2)ほか

例年8月13日 関門海峡花火大会

門司港、下関側の両方から合わせて約15000発の花火が、夏の海峡の夜空を豪快に彩る名物花火大会。

☎083-223-2001 (海峡花火大会実行委員会) **場所** 関門海峡(☞P84)

11月下旬～3月中旬 門司港レトロ浪漫灯彩

色とりどりの電飾が、冬の門司港をロマンチックにライトアップ。期間中、さまざまなイベントが開催される。

☎093-321-4151 (門司港レトロ総合インフォメーション)
場所 門司港レトロ地区一帯

伝統工芸品

素朴な中にも職人の高い技術を感じる工芸品。友達や自分へのおみやげにぜひ買って帰りましょう。

萩焼

約400年前から始まったという伝統の焼物。仕上がりに「貫入(かんにゅう)」というひび割れが現れる。使い込めばこの貫入に水分が浸透し、風合いが変わる。

萩ガラス

萩ガラス工房(☞P45)でのみ作られるガラス細工。萩焼と同様に内部にひび割れを入れたグラスは、高い耐久性と耐熱性で知られる。

石州和紙 (せきしゅう)

主に島根県西部の浜田市や津和野で作られる和紙。高い技術を必要とするだけに大量生産は難しく、希少価値も高い。国の重要無形文化財にも指定。

ふく提灯

地元ではふく(福)とよばれる下関のフグ。その特産品をモチーフにした提灯で、サイズも小から大まで揃う。みやげ物店の多くで見られる。

方言

事前に知っておけば旅先で役立つ!?そんなお国言葉をピックアップしました。

萩
いかい …大きい
いらう …さわる

津和野
あげな …あんな
さばる …ぶら下がる

下関
えーかいのー？ …大丈夫ですか？
しろしい …うるさい

門司港(北九州)
なして …なんで
あんねぇ …あのね

🌿 観光みどころ　🎵 プレイスポット　🏛 寺社　🍴 レストラン・食事処　☕ カフェ・喫茶　🍺 居酒屋・BAR　🛍 みやげ店・ショップ　🏨 宿泊施設　♨ 立ち寄り湯

ココミル

cocomiru

萩 津和野
門司港レトロ
下関

中国四国❺

2022年9月15日初版印刷
2022年10月1日初版発行

編集人：浦井春奈
発行人：盛崎宏行
発行所：JTBパブリッシング
〒162-8446　東京都新宿区払方町25-5
https://jtbpublishing.co.jp/
編集：03-6888-7860
販売：03-6888-7893
編集・制作：情報メディア編集部
組版：佐川印刷
印刷所：佐川印刷
編集・取材：藤原翔子／K&Bパブリッシャーズ／メニィデイズ (間々田正行／熊本真理子) ／編集スタジオ彫(神永裕／原恵子)／佐川印刷(江間恭司／西野優子)／Clay (石原 一樹)／田中哲也／間貞彦

表紙デザイン、アートディレクション：APRIL FOOL Inc.
本文デザイン：APRIL FOOL Inc./東画コーポレーション(三沢智広)
撮影・写真協力：直江泰治／アフロ(西垣良次／千葉直／実田謙一／小田洋二郎／スタジオサラ)／アマナイメージズ／関係各市町村観光課・観光協会／メニィデイズ (間々田正行)／PIXTA
地図：ゼンリン／ジェイ・マップ／千秋社
イラスト：平澤まりこ／浅羽壮一郎

本書に掲載した地図は以下を使用しています。
測量法に基づく国土地理院長承認 (使用) R 2JHs 293-1081号
測量法に基づく国土地理院長承認 (使用) R 2JHs 294-487号

本書掲載のデータは2022年7月末日現在のものです。発行後に、料金、営業時間、定休日、メニュー等の営業内容が変更になることや、臨時休業等で利用できない場合があります。また、各種データを含めた掲載内容の正確性には万全を期しておりますが、おでかけの際には電話等で事前に確認・予約されることをお勧めいたします。なお、本書に掲載された内容による損害賠償等は、弊社では保障いたしかねますので、予めご了承くださいますようお願いいたします。

本書掲載の商品は一例です。売り切れや変更の場合もありますので、ご了承ください。

本書掲載の料金は消費税込みの料金ですが、変更されることがありますので、ご利用の際はご注意ください。
入園料などで特記のないものは大人料金です。
定休日は、年末年始・お盆休み・ゴールデンウィークを省略しています。
本書掲載の利用時間は、特記以外原則として開店(館)～閉店(館)です。オーダーストップや入店(館)時間は通常閉店(館)時刻の30分～1時間前ですのでご注意ください。
本誌掲載の交通表記における所要時間はあくまでも目安ですのでご注意ください。

本書掲載の宿泊料金は、原則としてシングル・ツインは1室あたりの室料です。1泊2食、1泊朝食、素泊に関しては、1室2名で宿泊した場合の1名料金です。料金は消費税、サービス料込みで掲載しています。季節や人数によって変動しますので、お気をつけください。

本書掲載の温泉の泉質・効能は源泉のもので、個別の浴槽のものではありません。各施設からの回答をもとに原稿を作成しています。

本書の取材・執筆にあたり、ご協力いただきました関係各位に厚くお礼申し上げます。

おでかけ情報満載　https://rurubu.jp/andmore/

223212　280281
ISBN978-4-533-15144-6 C2026
©JTB Publishing 2022
無断転載禁止　Printed in Japan
2210

すてきな旅を
楽しんでね♪